五訂

建築〔IV〕
建築計画・製図編

独立行政法人 高齢・障害・求職者雇用支援機構
職業能力開発総合大学校 基盤整備センター 編

は し が き

　本書は，職業能力開発促進法に定める普通職業訓練に関する基準に準拠し，「建築施工系」系基礎学科「建築計画概論」及び「建築製図」の教科書として作成したものです。

　作成にあたっては，内容の記述をできるだけ平易にし，専門知識を系統的に学習できるように構成してあります。

　本書は，職業能力開発施設での教材としての活用や，さらに広く建築分野の知識・技能の習得を志す人々にも活用していただければ幸いです。

　なお，本書は次の方々のご協力により作成したもので，その労に対して深く謝意を表します。

〈監 修 委 員〉

　　伊丹　弘美　　　職業能力開発総合大学校

　　和田　浩一　　　職業能力開発総合大学校

〈改訂執筆委員〉

　　安孫子文亮　　　有限会社安孫子設計事務所

　　石田　知史　　　大分県立大分高等技術専門校

　　田邉　万人　　　株式会社医療環境デザイン研究所

　　　　　　　　　　　　　　　（委員名は五十音順，所属は執筆当時のものです）

令和5年3月

　　　　　　　　　　　　　　独立行政法人 高齢・障害・求職者雇用支援機構

　　　　　　　　　　　　　　職業能力開発総合大学校 基盤整備センター

目　　　次

第1章　建築と建築計画

第2章　住宅の計画

第3章　製図用具

第4章　図

法

第5章　製図規約

第6章　建築設計・製図

第1章 建築と建築計画

　近代建築及び都市計画に多大な影響を与えた，フランスの建築家ル・コルビュジエは，「住宅とは住むための機械である」という言葉を残している。解釈に差はあるが，建築とは，人間のさまざまな活動のための機械であり，建築計画とは，その機械を人間にとって最適な形に設計するために，知識・技術・手法を使って設計要件を構築することである。

　この章では，人間にとって安全・安心・利便・快適・魅力的な建築を計画するための，共通して必要な知識と技術の概要及び計画の基本について述べる。

第1節　建築空間と空間構成要素

　われわれは普段，床や壁，天井，家具などを見て，部屋があると感じ，屋根や外壁，窓などを見て，建物があると感じる。しかし，われわれが食べ，くつろぎ，寝るなどの生活をするところは，床，壁，天井といった建物を構成する要素ではなく，それらによって囲われた空間である。

　このように，建築を人々の活動が行われる空間と，それを構成する部分とに分けて考えることができる。前者を**建築空間**，後者を**空間を構成する要素**と呼ぶ。また，空間を構成する要素は，床や壁のような建物の要素から，家具などの生活を支援する要素，採光や雰囲気などの形として表しにくい環境的要素など，さまざまな要素によって成り立っている。

　建築を学ぶに当たっては，まず求められる建築空間とは何かを理解し，そして，それを具体化するために空間を構成する要素の取捨選択のしかたと使い方を理解しなければならない。

第2節　建築計画と設計・設計図書

　この節では，企画から施工・解体に至るまでの建築設計・製図の位置づけ，さらに建築計画と設計の関わり方について述べる。

　図1－1に一般的な建築の生産プロセス例を示す。

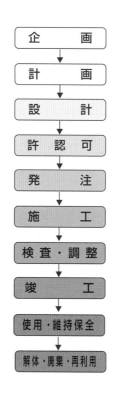

図1−1　建築の生産プロセス例

2.1　建築物と他の生産物との違い

　生産プロセス及び完成品の性能確認と選択，利用対象者という観点から，建築物と他の生産物である衣服，電化製品，自動車などと比較をしてみると，次のような違いがある。

① さまざまな状況のなかで，一品限りの特注製品として，大半が現地でつくられる。

② プレファブ建築を除いて，建築全体の試作品や見本をつくることができず，事前に総合的な性能の確認ができない。また，買い替えや建て替えなども容易ではない。

③ 「衣食住」のうち，「衣食」は各人に合わせて選択できるが，「住」については多様な人々が同時に使うことも多いことから，さまざまな状況への対応力が要求される。

2.2　建築計画の必要性

　建築とは，前述のとおり，他の生産物とは違い事前に試作品をつくり，性能を確かめるようなプロセスを経ることができない。すなわち，建築計画及び設計段階の客観的判断は，その建築物の性能を左右することになる。将来おこるかもしれないさまざまな事態に対して適切に対応できるよう，あらゆる事態を想定した対策を立てておくことが重要である。

　現在の建築を取り巻く環境は，高度に専門及び分業化が進み，設計者，生産者，利用者という捉え方が生まれたため，つくる側（設計者及び生産者）と使う側（利用者）の分離が生じている。そのため，つくる側が使う側とその使い方を理解する必要があり，建築計画の必要性が生じてくる。

　このような理由で，建築計画では，個人的な経験や勘などではなく，利用者の使い方や顕在

的，潜在的なニーズ，問題点などを調査・把握することが基本であり，これらの情報を建築計画に反映させることが重要である。

2.3　設計支援としての建築計画

建築の計画と設計の違いは，計画が設計条件等を整理・構築することであるのに対し，設計はそれらの条件を反映して，具体的な建築の形にしていくことである。すなわち，建築の設計に当たって，設計の指針となる設計条件を設定し，整理・分析していく作業が建築の計画である。

設計条件は，建築主からの要望を主とした条件と，地域社会のなかの建築として，敷地や法令等から生ずる，さまざまな制約や設計者の設計意図などから総合的に決定される。この設計条件の確定と分析には，建築計画上の各種調査や知識，計画手法が有効な支援になる。

設計条件を設定すると，これらを図・表化して，具体的な建築空間をつくり出していく。設計条件の大半は，文章（仕様書，要項等）や表（所要室表，チェックリスト等）で表現され，また，言葉から具体的な形態へ導くための例として，設計条件の図式化などがある。

図式化の代表例として，**ゾーニング図**，**機能図**，**動線図**がある。これらは所要室表等で示されるさまざまな部屋の相互の関係や，人，ものの移動などを図式化し，諸室のつながりを明らかにする計画手法で，設計条件から具体的な建築空間を表現する図面（平面図，断面図等）に至るまでの，仲介的な役割をもっている。図1－2に図書館の場合の例を示す。

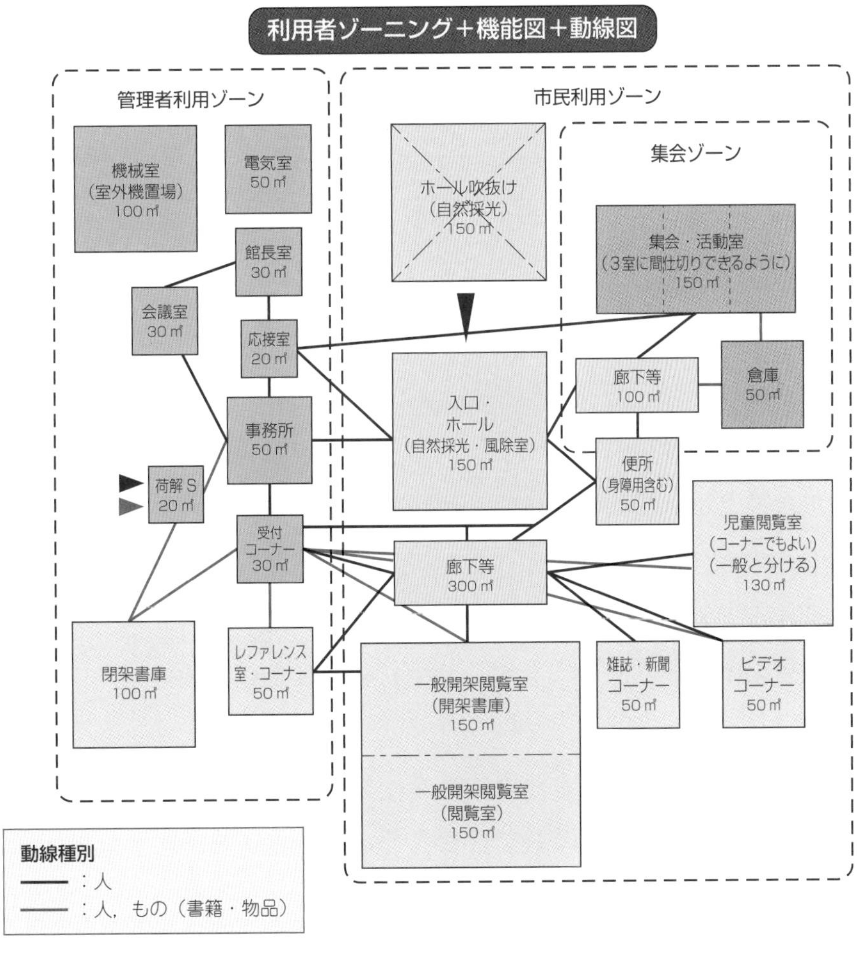

図1－2　ゾーニング・機能図・動線図（図書館）の例

2.4 設計図と施工

　建築の工事現場では，設計者及び施工技術者の指導のもとで，設計図及び設計図をベースに作成される施工図，製作図などを介して各種の技術者や多くの技能者が工事に従事し，各々の分担する作業を進めていく。

　「図面は一種の言葉である」といわれるが，設計図は，設計者の計画意図を図面化したものであり，技術・技能者間の相互理解の役割を果たす最も重要な伝達手段である。したがって，設計図は，表現方法を正しく理解し，製図規約に従ったものでないと，設計者の計画・設計意図を正確に伝えることはできない。また，施工者においても設計意図が正確に読めるだけでなく，建築の計画意図をしっかり理解し，工法や材料についても提案できる知識と経験をもった施工者を目指すように心掛けることが重要である。

第3節　計画・設計プロセス

　この節では，施工に至る前段階の企画から実施設計までの進め方とその概略について，整理して述べる。

3.1　企画・計画・設計・製図の流れと役割

　どの場所にどのような建物が建てられるかの検討段階から，建築現場で用いる設計図（**実施設計図**）の作成終了までの一連の作業を**建築設計**という。この建築設計を4段階に分けて，それぞれ，**企画**，**計画**，**設計**，**製図**という。
　① 企画：敷地の選定やどのような建物を建てることができるのかなどの検討を行う。
　② 計画：要求される空間の機能や性能の整理，経済的条件，社会的条件，敷地のもつ固有条件などが検討される。
　　　　　要求される空間の機能や性能とは，安全性・利便性・快適性を表し，経済的条件とは，建物にかけられる費用の総額や返済できる住宅ローンの借入額などのことで，社会的条件とは，法的条件や周囲の環境，まちなみとの調和などのことである。また，敷地のもつ固有条件とは，敷地の形状や地盤の強さなどを指す。
　③ 設計：計画段階での検討をもとに，主要構造材や構造方式，設備方式などの決定を含め，**基本設計図**が作成される。なお，使用材料や仕上げの検討も，この段階での作業である。
　④ 製図：それまでに検討・決定された内容を，設計図として完成させる。実際に建築物の工事を実施するのに要する**設計図書**を作成するところから，実施計画の作成作業ともいう。
　図1-3に一般的な建築計画から製図までの流れを示す。

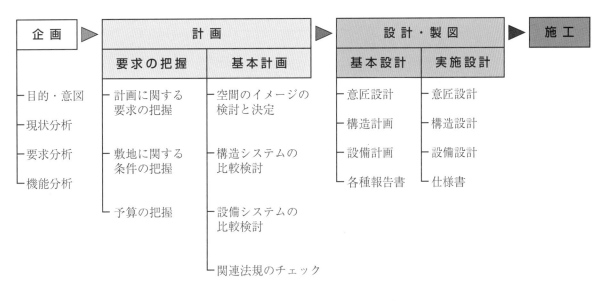

図1-3　建築の生産過程と設計の手順

3.2　計画・設計の進め方

　一般的な計画・設計の進め方を次に示す。なお，次の例は標準的なもので，建築物の内容や規模などにより内容は多少異なる。

① 与条件の把握

② 目標の設定（計画条件）とスケジューリング

③ 各種情報収集と分析

④ 設計条件の設定

⑤ 設計条件の図式化

⑥ 配置計画・ボリューム計画

⑦ 平面計画及び外部計画

⑧ 断面計画及び立面計画

⑨ 構造計画

⑩ 設備計画

⑪ 構法及び材料計画

⑫ 空間及び形態計画

第1章　建築と建築計画

第2章　住宅の計画

第3章　製図用具

第4章　図　法

第5章　製図規約

第6章　建築設計・製図

第1章 学習のまとめ

　この章では，建築計画の必要性，計画と設計，計画と施工，設計の進め方の概要について学んだ。

練習問題

以下の文章が正しい場合は○，間違っている場合には×をつけなさい。

① 建築物が他の生産物と異なる理由の一つに，一品限りの特注製品として，大半が現地でつくられることがあげられる。

② 建築計画とは，設計条件を反映して，具体的な建築の形にしていくことである。

③ 建築設計の段階では，要求される機能や性能の整理，経済的条件，社会的条件，敷地のもつ固有条件などが検討される。

第1章 建築と建築計画

第2章 住宅の計画

第3章 製図用具

第4章 図 法

第5章 製図規約

第6章 建築設計・製図

第2章 住宅の計画

建築とは,「住宅に始まり,住宅で終わる」といわれるように,住宅はさまざまな人々の日々の生活を支える基本的な建築である。住宅とその外部空間では,種々の活動が行われることから,綿密に計画・設計する必要がある。

この章では,住宅の具体的な計画,設計上の留意点や進め方,評価視点について述べる。

第1節 住宅計画に関する基礎知識

建物の必要性は,自然には得られない空間を得たいという人間の欲求から起こった。原始時代では,雨,風,暑さ,寒さなどの気象条件から,若しくは野獣や外敵から身を守るものとして,外的条件から遮断された空間(シェルター)をつくることであった。

一方,現代では,自然界を活用して生活していた状態から,建物内部で食物を調理し,食べ,排せつし,団らんするなどの機能(利便性)と健康性を求める要素が,さらに,より快適又は魅力的で美しくといった要求が加わった。

この節では,住宅を設計するに当たって検討される諸項目と,計画上の注意点について述べる。

1.1 生活様式と住宅

住宅のなかで行われる生活は,社会的,生産的部分が分化し,次第に個人的,家族的機能に限定されるようになった。しかし,個々にみれば,日常生活は複雑な行為の複合であり,また,人々の生活様式は多様になっている。図2-1に住空間区分の例を示す。

多様な生活を分類すると次のようになる。

① 個人の生活
② 共同の生活
③ 家事労働

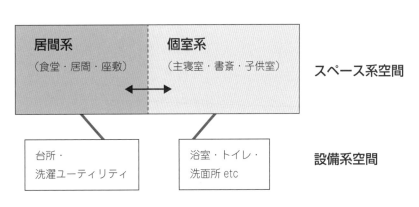

図2-1 住空間区分の例

（1）寝食分離

　個人の生活で最も基本的なことは寝ることであり，共同の生活では食事である。住宅はどんなに小さくとも，この二つの行為は，別々に満足させる必要がある。

　家族全員が同時に寝て，起きて，食事をすることはまれであり，個人の生活内容と時間はさまざまである。一つの部屋が就寝や食事に使われることもあるが，二つ以上の異なった用途に用いられた場合，種々の家具の混在により空間が雑然とするとともに，それらの片付けなどに多くの労力を必要とすることがある。したがって，二つの種類の部屋を備えることが望ましい。

　このように，住宅構成の基本は，寝室と食事室の二つから出発するものであり，個人の部屋と家族の部屋との機能をそれぞれ独立させ，必要に応じて，さらに別の機能の部屋を設けるという考えが基本である。

（2）私生活の独立

　私生活の最も基本的なものは寝ることである。寝るという行為は，独立性を要求するものであり，その寝室は，安心感を与え，落ち着きのあるものでなければならない。

　寝室には，寝ることのほかに，勉強，更衣，化粧などの機能があり，分離された寝室をつくることによって，私生活の空間も確保されることになる。

　なお，子供に対しては，幼児期は見守りなどの必要性からオープン形式の部屋が好ましいが，少年期では個室を与えることにより，勉強部屋としてばかりでなく，独立して生活していく習慣を身につけることにつながる。

（3）家族のコミュニケーション

　居間（リビングルーム）の考え方も大きく変わった。居間の使い方の変化は，住む人の住居観，家族観の変化によるもので，規模の大きな住宅だけではなく小住宅においても，居間が団らんの中心として考えられている。

　また，共同生活に不可欠なものは食事であり，食卓を中心として家族の団らんが営まれている。なお，住宅の機能のなかには応接があるが，現在では，応接のための部屋を特別設けず，食事室や居間などで接客することが一般的である。

（4）家事労働の合理化

　家庭生活を健康で，楽しく，かつ快適なものにするためには，調理，掃除，洗濯などの家事に対する配慮が重要である。特に，今日の家庭生活は，核家族化や高齢化による家事労働力の減少と，共働きや余暇の増大による家事労働時間の減少が進んでおり，家事労働をいかに合理化し，減少するかが重要となってきている。

　家事労働の軽減は次のようにして進められる。

① 設備の機械化と電化

② 作業の分析と作業設備，収納設備の合理化

③ 作業動線の短縮

④ 他作業との連絡改善

第1章　建築と建築計画

第2章　住宅の計画

第3章　製図用具

第4章　図

法

第5章　製図規約

第6章　建築設計・製図

具体的な例として，台所の調理台や流し台の配列を作業順序に合わせて計画する，台所の戸棚や寝室の押入などの収納設備をそこで行われる作業に合わせて配置することが重要である。

（5）和式と洋式

わが国の伝統的様式を和式といい，欧米中心の様式を洋式という。

両者の大きな違いは，住宅内では靴を脱ぐか，履いたままの生活かである。それは，玄関の設_{しつら}えや和室などの床仕上げ，清掃の問題などと深く関わっている。

現在では，純粋な和式，洋式はほとんど見られず，互いの長所を取り入れた和洋折衷の住宅様式になっている。これは，洋室での生活は合理的であるが，家具の配置で機能が固定されてしまう一方，和室は多様な使い方ができるという優れた転用性をもつからである。

（6）住宅の規模

住宅の規模は，一般にｎLDKなどで表すことが多く，この場合のｎは，L（居間）D（食事室）K（台所）を除く，居住室の数を示すもので，たとえば，3DKは3居住室（寝室）＋台所，食事室の組合せを示す呼称である。

1.2　気候と住宅

かつて世界や日本各地の民家は，その土地の材料を使い，その土地の気候や環境に合った家をつくり，風土や地域，土地に根ざして自然と共生してきた。

今日では，建築材料を現地のものだけ使うということは考えにくい状況であるが，少なくとも，現地の気候風土に合わせた住宅を造っていくことは，省エネルギーの観点からも，また自然と共生する健全な居住環境を造り出すという視点からも，重要である。

快適な居住環境を計画するためには，季節による太陽高度の違いや常風方向などを知り，それに対応することを心掛ける必要がある。

（1）気温と湿度

人体が感じる暑さや寒さは，単に気温の高低のみによるのではなく，湿度にも大きく左右される。特に夏の暑さは，湿度が高く，むし暑い。

そのため，昔からわが国の伝統的住宅は，こうした気候上の影響のもとにつくられてきた。深い軒は，夏の強い日差しをさえぎり，冬の日光を入れて室内を暖める役割をもつ。また，床高を高くして熱せられた地面近くの空気から逃れ，大きく開放的な開口部は，わずかな風でも迎え入れて人体で感じる温度（体感温度）を少しでも下げようとする工夫である。図2－2に日本の伝統的住宅の庇がもたらす日光調整機能と縁側空間の多様な機能を示す。

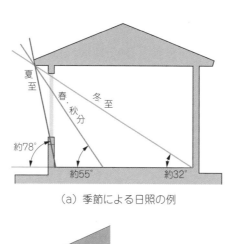

（a）季節による日照の例

（b）縁側空間の多様な機能

図2-2　日本の伝統的住宅の機能

（2）日　　照

　わが国は北半球にあり，しかも北回帰線より北側にあるので，1年を通じて正午頃には太陽が真南近くの方向にある。したがって，特別な場合を除いて，日照上の考慮や採光は真南を基本に考えてよい。

　また，太陽は，東から出て南へ回り高度が最も高くなり西に没する。東・西の太陽高度は低く，もし東や西に大きな開口部があれば，建物の奥深くまで直射光が入り込むことになる。特に西側の窓が大きい場合，夏期にあっては耐え難い暑さとなる。

　さらに，建築材料は，熱を伝えやすいもの，伝えにくいものなどさまざまあり，外壁など断熱にも十分配慮する必要がある。床，壁，天井などのそれぞれの物体内を通り，外部へ熱が流出することを**貫流熱損失**といい，一般に，単位体積当たりの重量が軽いものほど，熱を伝えにくく，熱を伝えにくい材料を用いることはこの貫流熱損失を防ぐ一つの方法である。なお，壁面などの内部に空気層を設けることも貫流熱損失を防ぐ対策となる。ただし空気層が厚くなると対流を生じ，熱損失を促すこととなるので，多孔性のもの，気泡を封じ込んだもの，繊維状のものなどが断熱材として壁や床の内外部に用いられる。

　図2-3に壁体断面の熱貫流（熱の移動）を示す。

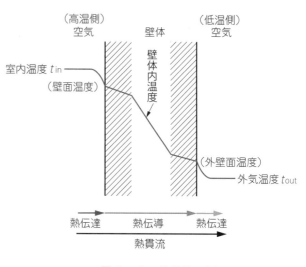

図2-3　熱貫流の例

第1章　建築と建築計画

第2章　住宅の計画

第3章　製図用具

第4章　図　法

第5章　製図規約

第6章　建築設計・製図

（3）風

　わが国の風速の一般的傾向は，夏に弱く冬に強い。風向きは，全般的には夏季は南東・南，冬は北西が多いが，地域によっては地形などにより異なるところもあるので，注意を要する。

　風向きの一日の変化は，海岸近くでは昼は海風，夜は陸風が吹く。山地では日中は山の斜面に沿って吹き上げる谷風と，夜は谷に向かって吹く山風がある。しかし，この変化は，夏季には目立つが，冬季には季節風のほうが強い。図2-4に風配図の例を示す。なお，計画においては，風向きに考慮した窓の位置と開閉式を検討することが重要である。

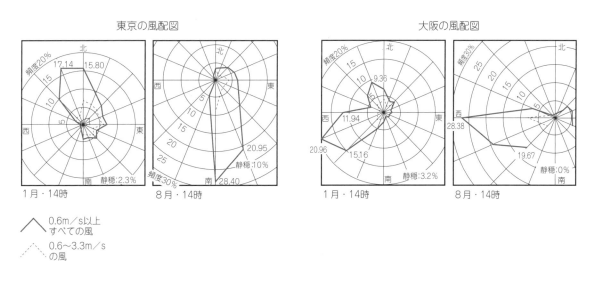

図2-4　風配図の例

1.3　敷地と住宅（立地条件）

（1）住宅地として望まれる条件

　どのような施設においても望ましい立地条件があるが，なかでも，日常生活空間となる住宅において，敷地の選定は特に重要である。次に，住宅の敷地として望ましい条件をあげる。

　①　危険のないこと（安全性）

　　　自然の脅威や人工的な危険のある場所は避ける。特に，盛土し，整地した場所や埋立地は，地盤の変形や流動化に注意しなければならない。

　②　衛生的なこと（居住性）

　　　新鮮な空気と豊富な日光に恵まれた，自然環境のよい土地であること。

　③　都市基盤施設が整っていること（インフラストラクチャーの整備）

　　　道路，電気，電話，ガス，上・下水道などが整備されていること。

　④　生活上便利なこと（利便性）

　　　日常必要な施設が近くにあり，交通の便がよいこと。

　⑤　静かで穏やかな土地柄であること（快適性及び魅力的）

　　　用途地域などの法規制，閑静な土地，高台，評判，住民の気質などがよいこと。

（2）敷地規模と形状

　敷地の大きさは，アプローチ，駐輪・駐車，庭，サービスヤードなどの各スペースの確保や，日照・通風の確保，周囲からの火災の延焼防止，三世代同居などのライフステージへの対応を考慮すると，建築面積の3〜5倍程度が必要といわれている。これはもちろん，建物の形や庭の取り方によって大きく変わってくる。いずれにしても，将来の増築予定に備えた敷地規模を選定することが望ましい。

　敷地の平面形状は，ある程度南に庭がとれることを前提に，居間・和室・子供室などの主要室が南に面した間取りにしやすい，東西に長い長方形又は正方形が望ましい。

　敷地の断面形状としては，部屋に日照を得，隣地への日陰等の影響において有利な，南下りの緩やかな傾斜地がよい。

　一方，理想的な敷地が入手できず，極度に小さい敷地や極端な形状の敷地しか得られない場合もある。その場合でも，住宅の配置や形状の工夫によって，個性的で魅力的な住宅とすることができる。例えば，敷地が極端な傾斜地にある場合，傾斜を生かして2階から出入りし，階下を寝室にするなど，家族共通の空間と個人的な空間をうまく分離することもできる。図2-5に傾斜地に建つ住宅例を示す。

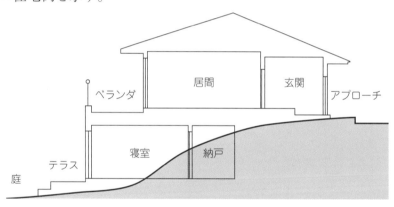

図2-5　傾斜地に建つ住宅例

　また，敷地の広さや形状にもそれぞれ特性があるため，その特性を最大限に活用したすまいづくりの工夫が，何よりも重要である。図2-6に，狭い敷地全体に配置し，その中に囲まれた庭をもつコートハウス形式の住宅例を示す。

図2-6　狭い敷地の住宅例

第1章 建築と建築計画

第2章 住宅の計画

第3章 製図用具

第4章 図 法

第5章 製図規約

第6章 建築設計・製図

1.4 人体寸法と物の寸法

　建築空間は，人間の各種活動を支える空間である。したがって，建築を計画する場合は，まず，人体や動作の寸法が基本となる。通り抜け，くぐり抜けなどの寸法については大きめに，手の届く範囲，足の上がる範囲などに関連する寸法については人体標準値より小さめに計画する。また，バルコニーの手すり高さなど，安全上の寸法については，特別な配慮が必要である。図2-7に手すり高さの基準を示す。

　人間の体格はまちまちで，建物は一般的には体格の異なる何人かの人間が使用するものであるから，建築に用いられる寸法は，ある程度余裕をもった値としなければならない。そのために，**設計寸法**は次のとおり計算する。

　　　設計寸法＝ものの寸法＋ものの動きの寸法＋人体寸法＋人の動作寸法＋ゆとり

　住宅の設計に必要な寸法は身のまわりにたくさんあり，必要なときに測り資料と照らし合わせるなど，自然に身につけるようにすることが重要である。また，超高齢化社会になり，家庭内でも杖や車いすをはじめとした福祉用具が使用されることが多くなった。廊下やドアの幅，手すりの高さばかりでなく，敷地を含めた床面の高低差をなくす工夫など，すべての人にとって安全で活動しやすい寸法計画とすることが重要である。

1,100mm以上

図2-7 手すり高さの基準

（1）人体寸法と動作寸法

　各寸法の決定には，**人体寸法**の標準的な大きさや，動作に必要なスペースが分かると便利である。ただし，年齢や性別などにより個人差があり，利用対象者を考慮して設計寸法を決める必要がある。図2-8に人体寸法の略算値の例，図2-9に設備とものの寸法と身長の関係，図2-10に**動作寸法**の例を示す。

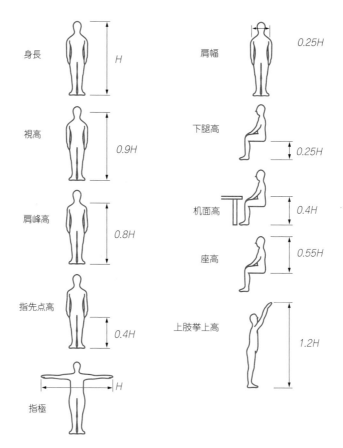

図2-8 人体寸法の略算値の例

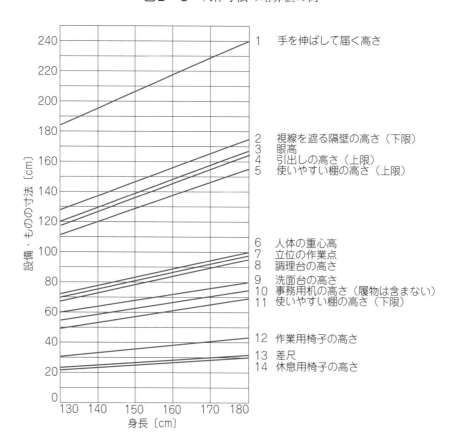

図2-9 設備とものの寸法と身長の関係

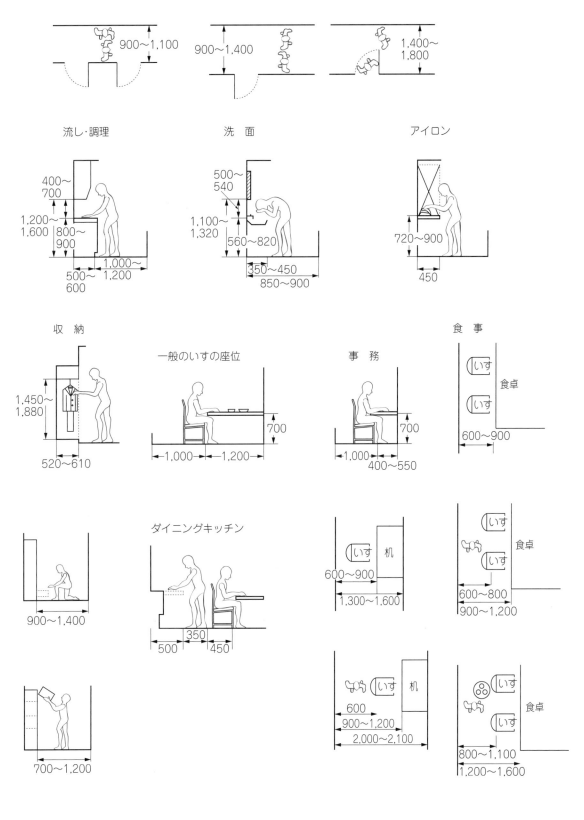

第1章 建築と建築計画

第2章 住宅の計画

第3章 製図用具

第4章 図　　法

第5章 製図規約

第6章 建築設計・製図

流し・調理

洗　面

アイロン

収　納

一般のいすの座位

事　務

食　事

ダイニングキッチン

※単位はmm

図2－10　動作寸法の例

（2）バリアフリー

　小さい子供から高齢者まで，すべての人が使いやすい住宅にするには，現在の利用者の状況だけでなく，将来にわたって安全で快適に生活できる計画を行うことが重要である。

　超高齢化社会になってきた現在，高齢者や障害者の自立と社会参加を促進するために，不特定多数の人が利用する公共建築については，**改正バリアフリー法***を適用しなければならない。また，住宅については，不特定多数が利用する建物ではないが，参考となる基準値があるので確認しておくとよい。なお，車いすでの動作には，向きを変えるために建具周りにゆとりが必要で，開き戸の場合は建具の軌跡の外にスペースを確保するよう設計する。図２－11にバリアフリー法に基づいた**車いす利用時の動作寸法**及び日本産業規格による**手動車いすの寸法**を示

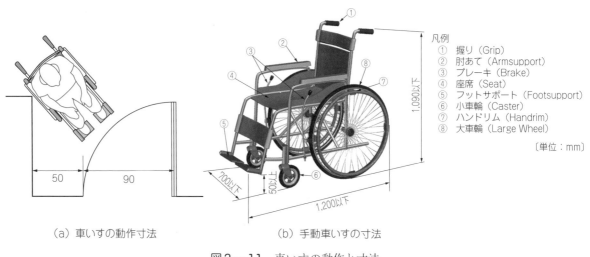

（a）車いすの動作寸法　　　　　　（b）手動車いすの寸法

図２－11　車いすの動作と寸法

す。

　日常生活になくてはならないトイレにおいても，手すりは立ち上がり動作を補助するため，利用者の状況により設置の検討が必要である。縦手すりの取付け高さは，手すりの上端が利用者の肩の高さより100mm程度上方を目安にし，L型手すりは，横手すりを基本として，車いすのアームサポートの高さにそろえるとよい。図２－12にトイレ用手すりの取付け例を示す。

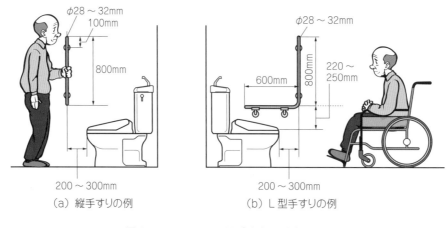

（a）縦手すりの例　　　　　　　　（b）L型手すりの例

図２－12　トイレ用手すりの取付け例

*平成18年に施行された「高齢者，障害者等の移動等の円滑化の促進に関する法律」は，令和２年度に改正され，通称を改正バリアフリー法という。

第1章　建築と建築計画

第2章　住宅の計画

第3章　製図用具

第4章　図　　法

第5章　製図規約

第6章　建築設計・製図

1.5　住宅の性能

どの建築にも共通であるが，特に住宅は使いやすいという機能だけでなく，安全性，快適性など，さまざまな性能が要求される。どのような性能があるのかなど，その概略を知ることで住宅への理解を深め，評価する視点を育む。

また，計画・設計時に必要な知識として理解しておく必要がある。住宅に求められる性能を次に示す。

（1）安　全　性

a．火　災

木造建築の多いわが国は，歴史的に見ても火災により多くの被害を受けてきた。放火等の人為的なものから地震等による大規模な火災まで幅広い火災に対応するため，建築基準法では，**延焼のおそれのある部分**（図2－13（a））を定め，地域によって屋根，軒裏，外壁に防火措置が必要な場合がある。図2－13（b）に**準防火地域**の住宅など小規模建築に対する規制例を示す。なお，同法では，倒壊の防止，火災警報器の設置，階段への避難施設の設置なども義務づけている。

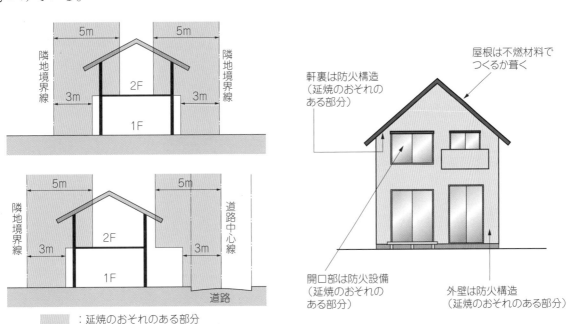

（a）延焼のおそれのある部分　　　　（b）準防火地域の小規模住宅に対する規制

図2－13　建築基準法による防火例

b．台　風

台風による災害は，水や風による被害が多い。

降った雨は排水溝を通り川や海に流れるが，許容量を超えた水は川からあふれ，浸水等の被害を起こす可能性がある。また，風により建物は下からあおりを受けるため，上からの荷重に対してだけでなく，あおりの影響を受けやすい屋根，屋根材，庇，アンテナ等の付属品も十分な対策が必要になる。

c. 地 震

地震の多いわが国では，水平荷重に対する配慮が必要である。

L形やコ形などの建物の場合，隅角部に大きな力が生じやすいため，建物の高さはなるべく均等にする。また，軟弱な地盤には大きな力が作用するため，柱・梁などの構造材には十分な断面をもたせ，耐力壁をバランスよく配置するなどの点に注意が必要である。

d. 犯 罪

住宅への侵入や放火等の犯罪が増加傾向にある。そのため，照明・植栽・錠前等の検討はもちろんのこと，防犯について十分検討する必要がある。また居住者は，周辺住民との協力・連携により，犯罪に対する相互チェック機能を確立することも大切である。

e. 家庭内事故

厚生労働省の令和2年人口動態調査によると，家庭内事故死者13,708人のうち，65歳以上の死者数は11,966人となっている。65歳以上の交通事故死者1,930人と比較すると，大幅に多い人数となっており，溺死・転倒・転落等家庭内事故を減らすための十分な検討が必要である。

（2）利 便 性

利便性とは，用途にかなった使いやすさや合理性のことをいい，利便性を左右するのは，動作やゆとりの計画，室の大きさ，形や設備などの空間的要素（**室性能**）及び配置，動線計画である。

（3）快適性・魅力性

快適性には，生理的な側面と心理的な側面がある。両者を厳密に区別することは難しいが，生理的な快適性を与える条件としては，①気温，湿度，気流，輻射熱 ②照度 ③騒音，振動などがあり，**心理的な快適性**とはいわば不快の反対を表し，精神的なストレスが起きない状態をいう。また，魅力性とは，すまい手の嗜好性に合致したデザインのことである。

（4）持続性（耐久性・省エネルギー）

耐久性とは，一般に建築材料の老朽化に対して，補修などの適切なメンテナンスによって維持可能な期間を長くすることである。伝統的な民家のように，使えば使うほど味わい深くなるつくりであることが望ましい。

家庭のエネルギー消費において，約30％を冷暖房が占める。省エネルギーはこの冷暖房のエネルギーをできるだけ少なくするように工夫することである。省エネルギーを実現するためには，断熱，日射遮蔽，気密の3つが対策の柱となる。

目指すべき最終の水準は，ZEH（ネット・ゼロ・エネルギー・ハウス）である。これは住宅の断熱性能を大幅に向上させるとともに，高効率な設備システムの導入により，室内環境の質を維持しつつ大幅な省エネルギーを実現させる。さらに再生可能エネルギー等を導入することにより，年間の一次エネルギー消費量の収支がゼロとすることを目指したものである。

（5）品 確 法

住宅の品質確保の促進等に関する法律（以下「**品確法**」という）とは，新築住宅（戸建て・

集合住宅とも）を対象に供給者（施工者又は売り主）に対し，「構造耐力上で主要な部分等」に当たる瑕疵について，10年間の瑕疵担保責任の義務づけ及び，任意制度であるが，住宅性能表示制度を柱として定められた法律である。

性能評価制度は，さらに「性能評価」と「紛争処理」の二つの要素からなっている。性能評価については，次の評価項目がある。

① 構造の安定

　　地震や台風などに対する強さ

② 火災時の安全

　　火災の感知と燃えにくさ

③ 劣化の軽減

　　柱や梁，壁，土台に対する防腐・防蟻・防錆処理などの劣化対策

④ 維持管理への配慮

　　給・排水管やガス管，給湯配管などの清掃や点検，補修の容易さ

⑤ 温熱環境

　　「省エネルギー基準」に準ずる冷暖房の省エネルギー性

⑥ 空気環境

　　「シックハウス症候群」対策としての建材の選定及び換気

⑦ 光・視環境

　　居室の窓の面積と位置（方角）

⑧ 音環境

　　屋外の騒音に対する遮音性

⑨ 高齢者等への配慮

　　段差や手すり，出入口の幅などのバリアフリー対策

⑩ 防犯

　　開口部への防犯対策

第2節　住宅計画の基礎

　建築は，それぞれの生活を営むためにつくられ，人々の生活上の欲求から出発し，その利用が目的であった。その一方で，一度つくられた建築空間が生活を制約し，生活に不便さを生じさせたり不経済にさせるなど，場合によっては人々に不安感を与えることがある。

　したがって，計画に当たっては，まずその中に包含される生活をよく理解し，その建築に対する要求を的確につかまなければならない。

　この節では，住宅を適切に設計するための計画基礎について述べる。

第1章　建築と建築計画
第2章　住宅の計画
第3章　製図用具
第4章　図　　法
第5章　製図規約
第6章　建築設計・製図

2.1　住宅の計画・設計の進め方

第1章では建築の一般的な計画・設計の進め方の項目を挙げたが，この項では戸建て住宅を例に，具体的な計画・設計の進め方と検討項目について概略を述べる。

① 与条件の把握

施主や家族へのヒアリング及び用途地域の確認など

② 目標の設定

施主との共同目標の設定

③ 各種情報収集と分析

地域や敷地の調査など

④ 設計条件の設定

機能・性能・経済条件など

⑤ 条件の図式化

機能図や動線計画など

⑥ 配置計画

建物，駐輪及び駐車場配置など

⑦ 平面計画

各部屋の配置など

⑧ 断面・立面計画

天井の高さ，窓の形や位置など

⑨ 構造計画

耐力壁や梁の位置など

⑩ 設備計画

給排水，電気設備など

⑪ 構法・材料計画

仕上げ材や建て方など

⑫ 空間・形態計画

外観や空間のプロポーションなど

以上の作業が**基本設計**になり，矛盾や条件の変更等があればもう一度やり直す。しっかりとした基本設計をもとに**実施設計**を行い，**設計図書**を作成することが重要である。

2.2　与条件の把握と目標設定

設計条件は，建物の配置，形状，平面の計画に影響を与える要素なので，しっかり把握して整理することが重要である。

建築の計画に当たっては，住む人が，どのようなすまいを得たいと考えているか詳しく調査，理解する必要がある。このため，建築主（発注者）の要求及び住宅として備えるべき一般的な

条件（合わせて**与条件**という）をもとに，設計者は専門的知識や経験を踏まえて十分に発注者と話し合い，発注者と共通の目標をつくることが重要であり，これを**目標設定**という。

考えられる多くの要求の真意を明確に把握し，敷地条件や法的条件などの必要条件を加味して，設計するための条件（**設計条件**）を検討する。設計目標の設定は，建物の計画初期の段階で最も重要な作業である。図2-14に設計条件の把握及び整理の流れを示す。

また，図2-15に住む人の要望や，敷地条件，法的条件などを聴き取る際に用いる「計画調書」の例を示す。なお，計画調書の原寸版は巻末に掲載する。

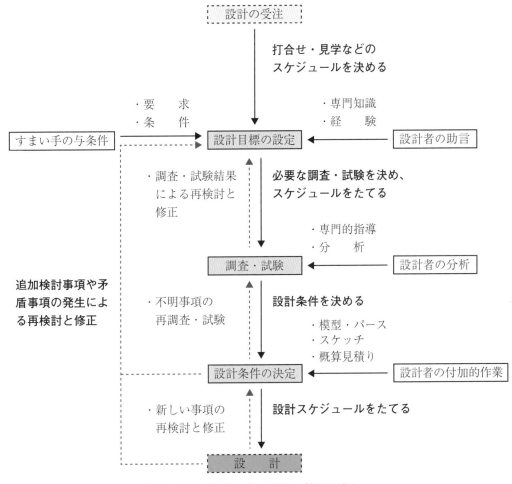

図2-14　設計条件の把握・整理の流れ

図2-15　計画調書の例

2.3　各種情報の収集と分析

目標が定まれば，次に不明な点について調査や試験を行う。

調査の種類には，**資料調査**，**現地調査**及び**実態調査**があり，その内容を次に示す。

① 資料・現地調査

敷地形状と面積，地耐力，都市計画による地域・地区や建ぺい率・容積率などの規制，上下水道・ガス・電気などの供給処理設備，周辺の環境など。

② 建物に関する調査

所要室，動線，使われ方，使用材料，構法，家具，備品，設備方式，耐用年数，価格，維持費など。

調査や試験には，地質，地耐力，色彩計画，新建材の耐久性，仕上げ（テクスチャー）などがあり，地質やボーリングなどによる**地耐力調査**のような設計前に試験を要するものや，色彩計画のような工事に着手してからでもよいものもある。

2.4　設計条件の設定

一般に**設計目標**は，次のような設計条件に置きかえて整理する。

① 社会的条件

景観や周囲に与える影響，関連法規，省エネルギー対策など。

② 敷地条件

自然条件，立地条件，敷地の形状や広さ，地耐力など。

③ 機能条件

家族構成，生活形態と方式，広さや室数，家具，安全対策など。

④ 性能条件

建物の形態，健康・快適性，構造方式，設備方式，使用材料，構法，耐用年数など。

⑤ 経済的条件

予算，維持費，修繕費など。

これらの条件は常に明確であるとは限らず，矛盾しあうものもある。また，要求そのものが不合理な要素からなる場合や，かたよった経験に基づく場合もある。設計者はこれらに対して，専門的知識や経験に基づき，不明なことがらについては調査や試験をもとに与条件を修正・付加しながら，設計条件を設定するとともに，目標をより明確な形で設定する。

また，設計条件は固定的に設定されるのではなく，目標設定後であっても調査の結果から矛盾が生じた場合などは，設計条件だけでなく，設計目標そのものを修正・再検討しなければならない。

設計や工事の段階で，手もどりなど無駄な労力や時間，費用をなくすには，できるだけ多くのことがらを詳しく丁寧に検討し，設計条件を決定する必要がある。

2.5 設計条件の図表化

設計条件が設定されれば，次にそれらの条件を整理し分かりやすい形に図表化する。表2－1に**所要室表**の例を示す。

表2－1　所要室表の例

所要室	面積	設置階	特記事項
玄関ホール	適宜	1階	・靴類40足
居間	15m² 程度	〃	・1室にまとめてもよい
食事室	10m² 程度	〃	〃
台所	5m² 以上	〃	・対面キッチンとする
浴室	3m² 以上	〃	
洗面脱衣室	3m² 程度	〃	・洗濯機設置
便所	適宜	〃	・将来、介護高齢者の使用のための改造可能に
和室	6畳以上	〃	・押入れを設ける
夫婦室	13m² 程度	2階	・別途ウォークインクロゼット3m² 程度を設ける
子供室A	10m² 程度	〃	・別途収納2.5m² 程度を設ける
子供室B	〃	〃	〃
便所	適宜	〃	
洗面所	適宜	〃	

第3節　住宅の全体計画

設計条件が整理された所要室表などをもとに，具体的な寸法，規模をおさえ，敷地に建物を配置計画し，各部屋の間取りとして平面を計画する。

この節では，設計条件の図式化と具体的な形とするための**配置計画**，**平面計画**などの全体計画の進め方と留意点について述べる。

3.1 配置計画

（1）配置計画の条件

建築物の配置計画は，風土や周辺環境を踏まえ，敷地の面積や形状，道路の位置，方位，日照，日影，斜線制限，壁面後退などの法的条件，通風，防火，プライバシーへの配慮などを考慮して決めることが重要である。また，まとまりのある町並みを形成するための景観などに配慮する必要がある。

（2）法的条件

建築の用途や規模は，建てる敷地にかかる法的規制に深く関係している。

建築基準法では，**用途地域**（表2－2）を定め，建物の使用目的を制限している。また，**建ぺい率**（建築面積の敷地面積に対する割合）及び**容積率**（延べ床面積の敷地面積に対する割合）を定めることにより，敷地内の建物の規模についても制限している。

表2-2　用途地域内の建築物の制限（建築基準法別表2抜粋）

用途地域内の建築物の用途制限		第一種低層住居専用地域	第二種低層住居専用地域	第一種中高層住居専用地域	第二種中高層住居専用地域	第一種住居地域	第二種住居地域	準住居地域	田園住居地域	近隣商業地域	商業地域	準工業地域	工業地域	工業専用地域	備考
□：建てられる用途　■：建てられない用途　①,②,③,④,■：面積，階数等の制限あり															
住宅，共同住宅，寄宿舎，下宿														▨	
兼用住宅で，非住宅部分の床面積が，50m²以下かつ延べ面積の2分の1未満のもの														▨	非住宅部分の用途制限あり
店舗等	店舗等の床面積が，150m²以下のもの	▨	①	②	③				①					④	①⇒日用品販売店，喫茶店，理髪店及び建具屋等のサービス業用店舗のみ　2階以下 ②⇒①に加えて，物品販売店舗，飲食店，損保代理店・銀行の支店・宅地建物取引業等のサービス業用店舗のみ　2階以下 ③⇒2階以下 ④⇒物品販売店舗，飲食店を除く ■農産物直売所，農家レストラン等に限る
	店舗等の床面積が，150m²を超え500m²以下のもの	▨	▨	②	③				■					④	
	店舗等の床面積が，500m²を超え1,500m²以下のもの	▨	▨	▨	③				▨					④	
	店舗等の床面積が，1,500m²を超え3,000m²以下のもの	▨	▨	▨	▨				▨					④	
	店舗等の床面積が，3,000m²を超え10,000m²以下のもの	▨	▨	▨	▨	▨			▨					④	
	店舗等の床面積が，10,000m²を超えるもの	▨	▨	▨	▨	▨	▨	▨	▨				▨	▨	

　高さについては，道路斜線，北側斜線，隣地斜線による制限，地域により**絶対高さの制限**を受ける。図2-16に**斜線制限**の例を示す。

　また，用途地域や建築協定により，外壁面の敷地境界からの後退距離の指定や，民法に規定されている50cm以上の壁面後退などもあり，計画段階で諸官庁に確認しておく必要がある。

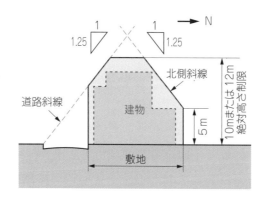

図2-16　第一種低層住居専用地域における斜線制限の例

（3）道路位置

　道路は，駐車場や玄関の配置を決めるうえで重要な要素であり，道路との位置関係により建物の平面形状が左右されることが多い。

　駐車スペースは，敷地の東西どちらかに寄せ，玄関アプローチに近接させて配置し，車の出入庫時の安全性も考慮することが重要である。なお安全確保のため，道路交通法上では，交差点等から車の出入口は5m又は10m以上離さなければならないと規定されている。また，道路側からの人の視線などに対するプライバシーの確保，防犯対策も十分注意する。図2-17に道路位置別配置計画図の例を示す。

第1章 建築と建築計画

第2章 住宅の計画

第3章 製図用具

第4章 図

法

第5章 製図規約

第6章 建築設計・製図

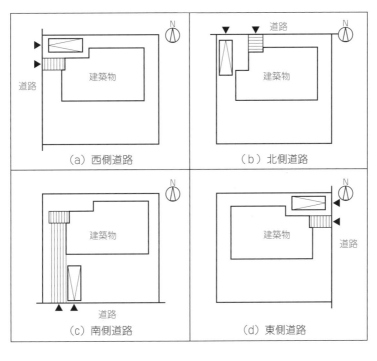

図2－17　道路位置別・配置計画の例

（4）日照・日影

　採光を確保するためには，居室を南に配置し，便所，浴室などの居室以外の空間を北側に配置するのが一般的である。また，北側隣地に長時間日陰をつくらないよう，建物や樹木の配置，屋根形状などの配慮も必要である。

　日照については，日が最も短くなる冬至の時期であっても，少なくとも１日４時間程度は太陽が当たるよう計画し，夏の直射日光や西日に対して，屋根や庇，ルーバーや簾の活用も検討する。なお，夏は日差しをさえぎり，冬は葉が落ちる落葉樹を活用するなど，植栽の利用も日照を確保するうえで有効である。

（5）通　風

　人体に心地よい空気の流れを感じさせたり，温湿度の調整を図るため機械にたよらずに新鮮な空気を迎え入れることを**通風**という。また，空気の入れ替えに特に力点をおいて考える場合を**換気**という。

　人体に心地よい空気の流れを感じさせたり，温湿度の調整を図るため機械にたよらずに新鮮な空気を迎え入れることを通風という。また，空気の入れ替えに特に力点をおいて考える場合を換気という。近年，高気密・高断熱住宅の普及で，冬季などは外気を直接取り入れることは少なくなった。図2－18に季節風と開口部の関係を示す。

　快適な季節や時間帯は，エアコンで温湿度を調整するよりも窓を開放した方が効率的でエネルギーの消費も少なくなる。室内の風通しが良くなるよう，窓の配置や大きさ，内部建具などに配慮しなければならない。

　具体的には，風を取り入れる面だけでなく，その反対側の面に開口部を設けるようにする。

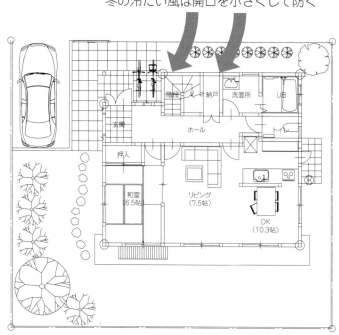

図2－18　季節風と開口部の関係

（6）プライバシーへの配慮

　隣家とのプライバシーで問題になるのは，窓の対面などによる視覚上の問題である。また，遮音に関しても注意しておく必要がある。

（7）建築物以外の配置計画

　われわれの日常の活動は，建物の中だけでなく，さまざまな外部空間との関係で成立している。住宅においても同様で，敷地内の土地利用として，建物以外に次のようなスペース確保に留意する必要がある。

　①　アプローチスペース

　②　駐車・駐輪スペース

　③　庭

　④　サービスヤード

図2－19に配置計画の検討事項例を示す。

3.2　平面計画

　平面計画は，建築計画全体のなかで，中心的な意味と役割をもつ。

　一般に，限られたスペースの中で住む人の生活を分析し，必要な面積の生活空間をつなぎ合わせて構成する必要がある。そこで，建築主の要望やさまざまな条件から設定された設計条件を，平面図としてまとめ上げるための前段階として，次のような手法がある。

第1章　建築と建築計画

第2章　住宅の計画

第3章　製図用具

第4章　図　　法

第5章　製図規約

第6章　建築設計・製図

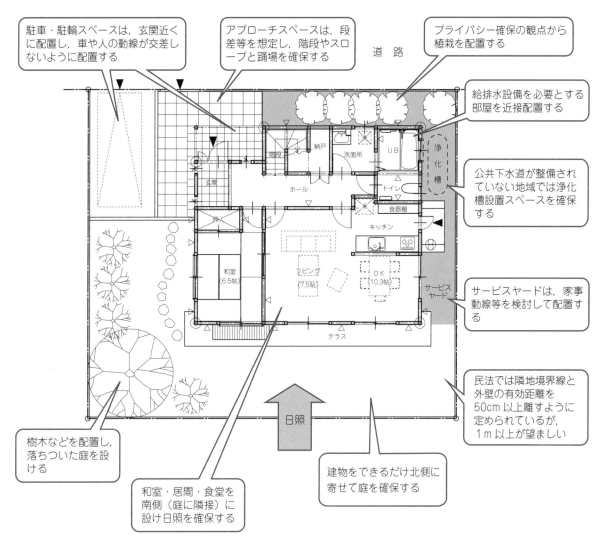

駐車・駐輪スペースは，玄関近くに配置し，車や人の動線が交差しないように配置する

アプローチスペースは，段差等を想定し，階段やスロープと踊場を確保する

道路

プライバシー確保の観点から植栽を配置する

給排水設備を必要とする部屋を近接配置する

公共下水道が整備されていない地域では浄化槽設置スペースを確保する

サービスヤードは，家事動線等を検討して配置する

民法では隣地境界線と外壁の有効距離を50cm以上離すように定められているが，1m以上が望ましい

樹木などを配置し，落ちついた庭を設ける

和室・居間・食堂を南側（庭に隣接）に設け日照を確保する

建物をできるだけ北側に寄せて庭を確保する

日照

図2-19　配置計画の検討事項

（1）ゾーニング（グルーピング）

住宅の活動スペースを機能や目的別に分けると，次の生活空間のグループ・ブロック（部門）に分類でき，それぞれの所要室例と性能の概要を挙げると，図2-20のようになる。

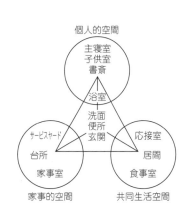

図2-20　住宅のブロック分け

① 個人的・私的空間（プライベートスペース）

　寝室，子供室，老人室など，プライバシーの　確保が重要となる空間

② 家族公共空間（リビングスペース）

　居間，食事室，和室など，家族の団らん，応接など家族の公共的な空間

③ 家事作業空間（ワーキングスペース）

　台所，家事室など，家事の複合的な作業空間

④ 生理・衛生空間（サニタリースペース）

　便所，洗面室，浴室など，プライバシーも必要な水回り空間

⑤　交通・収納空間（サーバントスペース）

　　玄関，廊下，階段，収納など，各空間を適切に結ぶ共用空間

　このように，各生活空間を大まかにブロック分けし，各室の独立，専有性及び共用性などの観点から，領域分けする作業を**ゾーニング**という。ゾーニング作業は，住宅の各室，各空間を共通の性格で分類・整理して建物の構成を単純化し，平面計画を容易に，正確に進めるために行う。図2－21にブロック分けから平面ブロックプランへの流れの例，図2－22に各生活空間と方位の関係を示す。

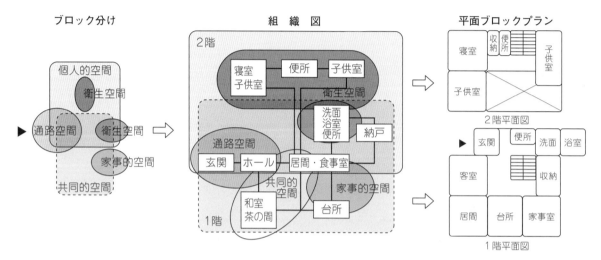

図2－21　ブロック分けから平面ブロックプランへの流れ

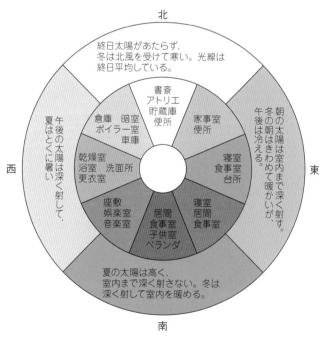

図2－22　各生活空間と方位の関係

（2）動線計画

　建築空間における人や物などの移動経路を，施設内容に応じて，確認，予測，想定して描いた線を**動線**という。

　動線は，通行頻度を直線の太さで，移動距離と方向を矢印と長さで表すことができる。これを**動線図**という。また，予想される動線を分析，検討，操作して最適なものにすることを**動線**

計画と呼ぶ。

　動線計画の基本は，**利便性**（能率のよさ，分かりやすさなど）や**快適性**（プライバシー及び安全性の確保など）である。

　住宅に発生する動線には，プライベートな動線（寝室などの個室，便所，浴室間の動線など）とパブリックな動線（玄関や居間，応接室間の動線など）があり，それぞれ交差，接触しないようにすることが望ましい。

（3）平面ブロックプラン

　ゾーニング（**グルーピング**ともいう），組織図（機能図）及び動線図をもとに，各室の規模をおさえた平面**ブロックプラン**を作成する。平面ブロックプランは，複数案が考えられるが，その中で設計目標に最も適している案を選択して，具体的な平面計画へと進めることが重要である。そのことにより設計条件を十分に反映した計画案の作成が可能となってくる。

　平面ブロックプラン作成の一般的な配慮点は，寝食分離，個室の確立（個室は直接廊下から出入りができること，通り抜け動線の禁止など），各居室の居住性（日照，採光，通風，プライバシー等）の確保などである。

3.3　断面・立面計画

　断面計画とは，住宅の所要室の配置を断面の構成のなかで検討して決定するとともに，建物の各部の高さ，寸法について構造計画や設備計画との調整を図り，平面計画との関連を確保しながらまとめることである。

　この断面計画は，部屋配置による機能構成や内部空間構成により決めることが主となるが，敷地の断面形状や法的条件，外観に関わる**立面計画**によってより具体的に決定されていく。

　たとえば，南下がりの緩やかな傾斜地では，部屋に日照を得られ，隣地に長時間日影を落とさないが，隣家との高低差は，見下ろすというプライバシーに関する配慮が必要な場合もある。傾斜や高低差，勾配がある場合は，高低差を有効に活用した計画にすることにより，変化のある住空間ができるように計画をする。

　断面・立面計画によってはじめて立体的な空間として具体化するために，平面計画と平行して検討していくことが重要である。

3.4　省エネルギー

　建築物のエネルギー消費性能の向上に関する法律（以下「建築物省エネ法」という）とは，外壁，床，屋根，天井，窓，その他開口部分の熱効率などの外皮性能を評価する基準に加え，冷暖房・換気・照明・給湯及び再生可能エネルギーなどの一次エネルギー消費量を評価する基準である。

　300㎡未満の住宅及び非住宅建築物に係る新築，増改築等は，適合義務や届出義務の手続きは不要だが，新たに創設された説明義務制度の対象となる。建築士から建築主に対し，省エネ基準への適否等を説明する必要がある。

第1章　建築と建築計画

第2章　住宅の計画

第3章　製図用具

第4章　図法

第5章　製図規約

第6章　建築設計・製図

第4節　各部の計画

　この節では，アプローチ，玄関，居間，食事室など各部について，計画・設計上の留意点を述べる。

4.1　アプローチ

　個人の敷地であっても，設計しようとする建物の外部空間は，その地域の環境やまちなみの一環として配慮された計画にしなければならない。建築設計・製図の初学者にとっては，建物にのみ目がいきがちであるが，アプローチは建物の規模や用途に対応しており，その建物の顔となる大事な空間である。

　アプローチの高低差には，階段やスロープが必要となり，車いすの使用が予想される場合には，階段とともにスロープの設置が望まれる。

　スロープの勾配は，一般に外部では1／15以下とし，スロープの距離が長くなる場合には，途中に1,500mm程度の踊り場を設置する（図2－23）。

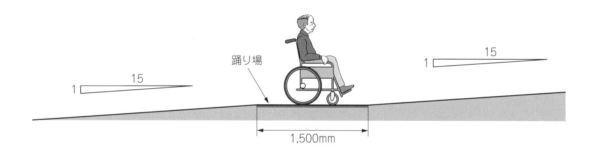

踊り場

1,500mm

図2－23　アプローチ（スロープが長い場合）

　屋外階段は，屋内に比べて緩やかな勾配とし，滑らない素材を使い，踏面30cm以上，蹴上げ16cm以下とするのが望ましい（図2－24）。高さ1m以上の階段には，手すりの設置が建築基準法により義務づけられているが，1m以下でも手すりを設置することが望ましい。また，夜になると階段の段差が見えにくくなり，転落によるけがを防止するためにも，常夜灯（人感センサータイプもある）や足もと灯の設置を検討する。

　動線計画においては，**人車分離**を行う必要があり，車，自転車，人の動線に十分注意を払う必要がある。交差点などからは，車の出入口を5m以上離し，車や自転車を駐車・駐輪した後は，道路に出ることなく，敷地内のアプローチを通って玄関に辿り着く計画としなければならない。

　なお，門扉と道路境界との間に「ため」をつくった場合は門扉を外開きにしてもよいが，ためがない場合は安全上，門扉は内開きにして内側にスペースをとり，階段とスロープの登り口が道路境界に接近するのは避けなければならない（図2－25）。

第1章 建築と建築計画

第2章 住宅の計画

第3章 製図用具

第4章 図

法

第5章 製図規約

第6章 建築設計・製図

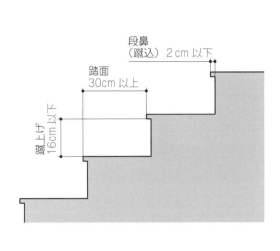

図2-24　階段

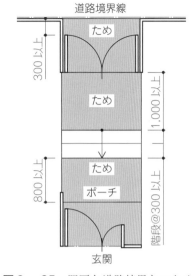

図2-25　門扉と道路境界とのため

4.2　駐車場・駐輪場

　駐車場の配置については，原則玄関近くに配置し，玄関までスムーズにアプローチできるよう計画する（図2-26，図2-27）。

　一般のセダンタイプの大きさは，幅1,800mm，長さ4,500mmである。車の両側に，乗り降りのためのスペース（500mm以上）を確保すると，必要な駐車スペースは，両側がフェンスや壁，植栽などの場合，幅3,000mm，長さ5,000mmが必要となる。また，複数台の車を並列駐車する場合や周囲に十分な空きがある場合には，1台当たりの幅を2,500mmとすることができるが，車いす使用の際は幅3,500mmが必要である。

　なお，縦列駐車の場合は，車の走路も含めると，長さが7,000mmほど必要となり，一般住宅の場合はそれほど敷地が広くないことが多いため，人の動線と重なる危険性があるので注意する。

　駐輪場の配置については，直接道路に面した場合，盗難等の危険性が高くなるので，一度敷地内に入れてから駐輪する計画とする。また，自転車の前面にフェンスや建物等がある場合は，2m程度の空きスペースを確保すると，出し入れがスムーズになる。なお，駐輪に必要なスペースは，1台当たり幅600mm，長さ1,800mm以上である。

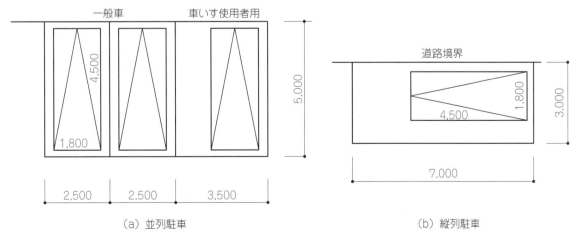

（a）並列駐車　　　　　　　　　　　　　　　（b）縦列駐車

図2-26　駐車スペースの例

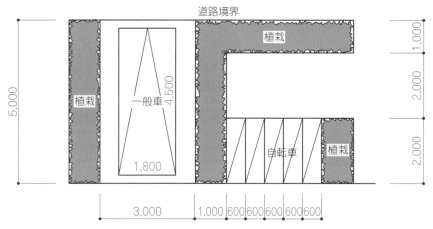

図2-27　両側に障害物のある駐車・駐輪スペース

4.3　植　　栽

　植栽は，大気汚染防止などの環境保全から，防火・防音・防風に対しても効果があり，夏には木陰で日差しをさえぎり，太陽輻射熱を調整してくれる。図2-28に季節の風を考えた植栽の配置，図2-29に落葉樹による日差しのコントロールを示す。また，視線を植栽によって遮断することでプライバシーを確保したり，隣地境界や道路境界に植栽を配置することで，防犯にも有効である。ただし，植栽を高くしすぎると，視線をすべて遮ってしまい，防犯効果が低下するので注意する。

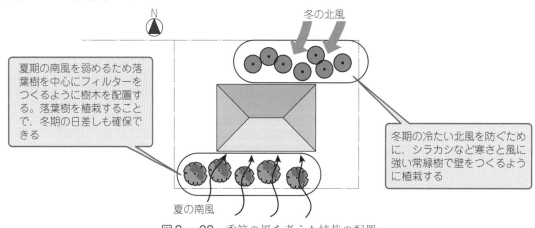

図2-28　季節の風を考えた植栽の配置

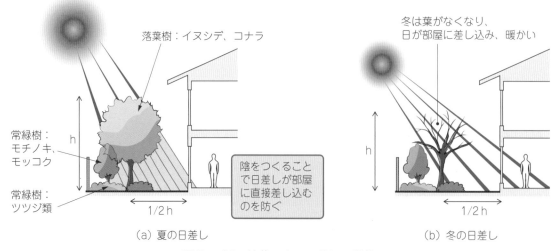

（a）夏の日差し　　　　　　　　　（b）冬の日差し

図2-29　植栽による日差しの調整

第1章 建築と建築計画

第2章 住宅の計画

第3章 製図用具

第4章 図

法

第5章 製図規約

第6章 建築設計・製図

4.4 玄　関

　玄関は，外出・帰宅のほかに応接を行うとともに，用途に応じた収納スペースが必要になる。

　収納するものは靴だけではなく，傘や掃除道具，スポーツ用品など，さまざまなものが置かれる可能性があるため，施主の希望を十分にヒアリングし，ライフスタイルや家族の移り変わりを把握することが大切である。なお，近年は，一人当たりの靴の所有数が多くなる傾向にあり，ブーツの収納なども考慮する必要がある。初学者が設計する場合は，玄関が狭くなりがちなので注意する。

　玄関ポーチと玄関ホールの土間，廊下の上がり框部分には段差が生じる。高齢者や障害者にとっては，昇降が容易に行えないことがあるので，健常者を含めたすべての人が利用しやすい計画（**ユニバーサルデザイン**）とすることが望ましい。また，靴の履き替えにともない，土間から上がり框への昇降時には，身体が不安定になりがちなので，玄関ホールには昇降用の手すりの設置も検討する。

　一方，玄関，土間，廊下の段差があまりない場合は，上がり框に腰をおろしての靴の履き替えができにくくなるため，腰掛けの設置の検討が必要である。さらに，土間の水洗いなども考え，排水にも十分注意するほか，玄関は居室ではないが，採光や換気の確保にも努める。図2－30に玄関の寸法例を示す。

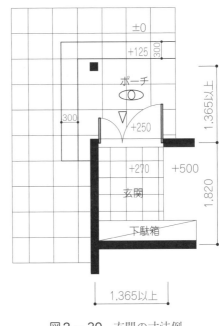

図2－30　玄関の寸法例

4.5　廊下・階段

　廊下や階段は，できる限り自然採光や換気を取り込めるように工夫する。

　窓のない階段とした場合は，日中でも明かりをつけないと，上り下りが出来にくくなる。住宅の場合，中廊下になりやすいため採光が取りにくく，廊下を長くとると階段と同様に明かりが必要になる。そのため，廊下にも自然換気のための窓を設置することが望ましい。

　廊下が長くなると床面積も増える傾向にあるので，廊下の少ない計画にし，空間の落ちつきと独立性が失われないよう，注意しなければならない。また，すべての人が移動しやすいように，手すりや廊下の幅を検討し，特に車いす利用を考えた場合の廊下幅を，心心で1,365mm以上とし，移動のほかに回転スペースや段差にも注意する必要がある（図2－31）。

　階段の昇降のしやすさは，蹴上げと踏面に関係する。建築基準法では，階段の蹴上げを230mm以下，踏面を150mm以上と規定しているが，一般の住宅であれば，階段の蹴上げを200mm以下，踏面を225mm以上としたほうがよい。蹴上げが小さくなると勾配は緩やかになるが，階高に対して必要な水平投影距離が長くなる。階段は，建物の用途により適正な蹴上

げと踏面が変わってくるので，設置可能な水平投影距離と階高を考慮して，安全で上りやすい
階段を計画しなければならない。なお，次のように計画すれば，現実的で比較的安全な階段の
目安になる。

T：踏面

R：蹴上げ　とすると，

$550\text{mm} \leqq 2\,R + T \leqq 650\text{mm}$

基本勾配：$R／T \leqq 6／7$

推奨勾配：$R／T \leqq 7／11$

（550〜650mm：普通に歩いたときの歩幅）

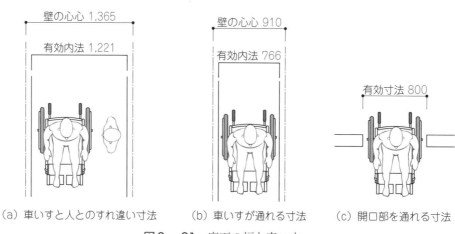

（a）車いすと人とのすれ違い寸法　　　（b）車いすが通れる寸法　　　（c）開口部を通れる寸法

図2−31　廊下の幅と車いす

4.6　台　　所

　台所の計画に当たっては，安全かつ効率的で使いやすく，衛生的なものにすることが大切で
ある。台所での作業を分解すると次のようになる。

①　材料の搬入，収納　　②　調理の準備　　③　調理，煮炊き

④　盛りつけ，配膳　　⑤　食器洗い　　⑥　食器の収納　　⑦　各種ごみの処理

　これらの作業のほかに，同時に掃除や洗濯など他の家事が効率的に行える動線にすることが
重要であり，また，家族とのコミュニケーションにも配慮することが望ましい。これらのこと
から台所には，家事作業部分を団らん部分に結びつけたリビングダイニングキッチン（LDK）
や，食事室と台所が一緒になったダイニングキッチン（DK）などがある。また対面式キッチ
ンなら，食事の準備をしながらでも家族と会話でき，食事室とともに南向きに配置することも
できる。なお，台所を人目にさらしたくないのであれば，独立させる形式（LD＋K）もある。
図2−32に台所の寸法例を示す。

　台所は，衛生について特に注意しなければならない。日射の防止や通風に注意し，素材もメ
ンテナンスしやすいものがよい。また，換気扇を取り付けるなど，排気経路や吸気方法，ごみ
の分別処理方法も考えておく必要がある。

　調理や洗濯，アイロン掛けなどの家事作業が一緒にできるように，家事室（**ユーティリティ**

第1章　建築と建築計画

第2章　住宅の計画

第3章　製図用具

第4章　図　法

第5章　製図規約

第6章　建築設計・製図

ルーム）を兼ねて台所を大きくとる場合や，家事室を独立させて台所に近接させる場合などがある。いずれにしても家事作業は，台所が動線の起点となることが多いので，台所を中心とした動線の短縮を図るよう計画することが重要である。

図2-32　台所の寸法例

4.7　居間・食事室

　居間と食事室は，家庭生活の中心となる部屋であるから，いちばん環境のよい空間にしたい。日照や通風などの自然条件とともに，心理的にも家族が集まりやすく，家族全員が落ちついてくつろげる部屋として計画することが重要である。

　居間を中心とした平面計画は，廊下を少なくでき，建物全体をコンパクトかつ経済的につくることができるなど多くの長所がある。一方で，居間に出入口が多くなるため，室内を動線が対角線上に通り，落ちつきが失われる部屋となる可能性もあり，その点を十分検討して計画しなければならない。また，居間と庭とを一体的に扱って，庭を居間の延長のように位置づけると空間が広がることから，庭とのつながりも考えることが望ましい。

　近年，家族のコミュニケーションを重視した計画として，リビングの中に階段をつくることが増えてきた。その場合，吹き抜けも一緒につくることが多いため，家族の一体感を図るには有効な形式である。一方，1・2階がひとつづきの大きな空間となるために，冷暖房負荷や音の問題などについては配慮が必要である。

　居間（L），食事室（D），台所（K）は関連性が高く，つながりが強い。図2－33にL・D・Kを4つのタイプに分類したものを示す。

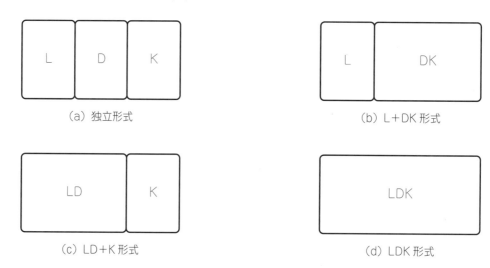

（a）独立形式　　　　　　　　　　　　（b）L＋DK 形式

（c）LD＋K 形式　　　　　　　　　　（d）LDK 形式

図2－33　L・D・Kの配置

　リビング，ダイニング，キッチンをすべて独立させると，面積も大きくなりがちで，LD＋Kにするか，L＋DKにするかは，その家のダイニングの位置づけが鍵となる。**LDK**にすると，家族のコミュニケーションを最も図ることができ，面積も少なくてすむ一方，来客にはキッチンも視界に入ることになり，常に台所の整理・整頓が必要となってくる。

　居間と食事室，台所のつながりは，家族の生活様式，調理方法，コミュニケーションの取り方等を検討し，住む家族にあった計画をする必要がある。

第1章 建築と建築計画

第2章 住宅の計画

第3章 製図用具

第4章 図 法

第5章 製図規約

第6章 建築設計・製図

4.8 洗面脱衣所・浴室

洗面所は浴室に接して設け，脱衣室を兼ねる場合が多い。洗面所には，鏡，化粧品，その他の整理収納に必要な棚，タオル掛け，洗濯機のスペースやコンセントなどが必要である。

洗面脱衣所では入浴準備の動作だけでなく，ほかの家事動線との関連も多く，脱衣の後の洗濯や洗濯後の乾燥，着替えやタオル，洗面化粧用具等の収納場所を検討することが必要である。また浴室内も，浴槽や洗面台，窓の位置が使いやすさを大きく左右するので，慎重に計画することが大切である。

高齢者や障害者にとって，入浴は大変な作業になる。移動，立座り用の手すりの設置はもちろん，浴槽の選択，排水対策も含めて検討する必要がある。図2−34に浴室の寸法例を示す。

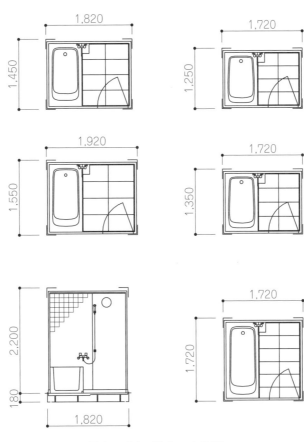

図2−34 浴室の寸法例

4.9 便 所

便所は，衛生上の観点から水洗式が望ましい。水洗式は，衛生的であるばかりでなく臭気に対しても有効で，住宅の平面計画上の制限を少なくするなどの利点がある。そのため，2階建て住宅の場合は，2階にも便所を設けることが多くなった。

都市施設として，汚水処理設備を有する下水道が完備されている地域と完備されていない地域では，水洗便所からでた汚水の処理方法が大きく異なる。下水道が完備されている地域では，下水道に屋内下水道管をつなぐだけでよいが，その他の地域では，し尿浄化槽を設ける必要がある。

　また,便器には和式と洋式があり,使用する人の習慣によるが,住宅用には大小兼用の洋式(腰掛け式）の便器の方が,体位が自然で立ち座りの動作がしやすいため便利である。高齢者や障害者だけでなく,すべての家族にとって利用しやすいよう計画することが重要である。図2－35に便所の標準的な寸法を示す。

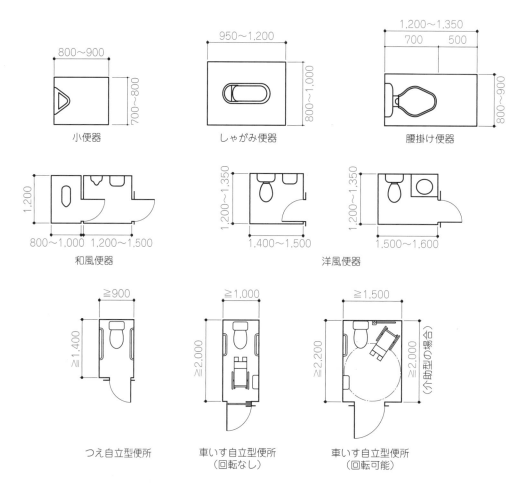

小便器

しゃがみ便器

腰掛け便器

和風便器

洋風便器

つえ自立型便所

車いす自立型便所
（回転なし）

車いす自立型便所
（回転可能）

図2－35　便所の寸法例

４.１０ 寝　　室

　寝室は,個人の私的な生活の本拠である。寝室には,夫婦寝室（主寝室）,子供寝室,老人寝室,また余裕がある場合には来客用寝室が考えられるが,いずれの部屋も十分な独立性をもち,静かで安心できる空間であることが必要である。

　寝室の独立性を増すためには,遮音・防音に配慮し,太陽光と視線を遮断できるよう工夫しなければならない。また,夏の通風とともに,就寝中にも十分換気が行えるよう留意し,寝室の天井,壁,家具,カーペット,カーテンなどの色彩計画にも気を配る必要がある。

　特に夫婦寝室は,更衣や化粧の場所にもなるので,衣服収納や化粧台などの配置を,あらかじめ十分に考えておくようにする。

第1章 建築と建築計画

第2章 住宅の計画

第3章 製図用具

第4章 図

法

第5章 製図規約

第6章 建築設計・製図

子供室は，昼間は勉強や遊びに，また，成長とともに友達との交流の場として使用されるので，成長して独立するまで長い期間にわたり対応できるよう，少し大きめにつくっておく必要がある。子供室の机の配置を南側の窓下に置きがちだが，南側は太陽光によるグレア（まぶしさ）が生じて，学習には向かないため，家具の配置には注意が必要である。ベッドの配置についても，リネンスペースを考えてできる限り壁際に置かず，ヘッドボード（枕の位置）が南側の窓下にならないよう注意する。

なお，高齢者の寝室は，浴室や便所に近接していると便利である。

4. 11 収　　納

すまいには，収納スペースが必要である。生活動線と家事動線をよく検討して，合理的で使いやすい収納を計画する。

日常使うものとして，台所には食器，寝室には衣類，書斎には本などのように，使用する場所の近くに収納することが望ましい。

従来のすまいでは，部屋に習慣的に設置された押入があり，その中にあらゆるものが収められていた。しかし，押入は奥行が900mm程度あり，元来寝具を入れるのに適当な寸法ではあるが，その他のものを入れようとすると深すぎたり，高さに無駄がでたりと，合理的な収納であるとは必ずしもいえない。そのため，ものの大きさに応じた収納（奥行が衣類なら600mm，本なら300mm程度）やウォークインクロゼットが有効である。特にウォークインクロゼットは，納戸の役目も果たすことから，非常に便利である。使用頻度に応じて，次のように分類し，効率的で使いやすい収納を計画することが大切である。

① 毎日頻繁に使うもの　→　すぐに出し入れできる場所へ

② ときどき使うもの　　→　出し入れが苦にならない場所へ

③ 季節的に使うもの　　→　多少出し入れの労力を要してもかまわない場所へ

限られた面積のなかで収納を考えた場合，居室の面積を増やすためにも，階段下や洗濯機上部などのデッドスペースを有効に活用することも検討したい。図2−36に使用頻度，大きさ，重さ，作業の種類を考えた収納位置の例，図2−37に台所における収納配置の例を示す。

4. 12 高齢者が居住するための配慮

高齢者等に配慮した建物の工夫には，必要となった時に簡単な工事で対応できるものもあるが，廊下の幅や部屋の広さなど，変更するには大規模な工事が必要となるものも多くあり，それらは新築時点での対策が必要である。

計画の段階から室の配置や各部分の寸法に余裕を持たせることで，将来の大規模な改修を避けることができる。

また，住宅内において高齢者等が日常生活を行うためには，移動時の安全性の確保と介助のし易さに配慮した計画を行う。表2−3に具体的な例を示す。

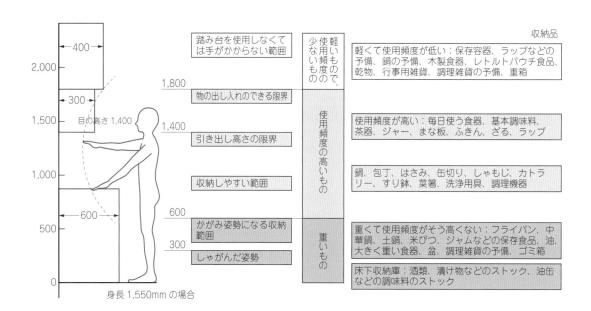

図2－36　使用頻度，大きさ，重さ，作業の種類を考えた収納位置の例

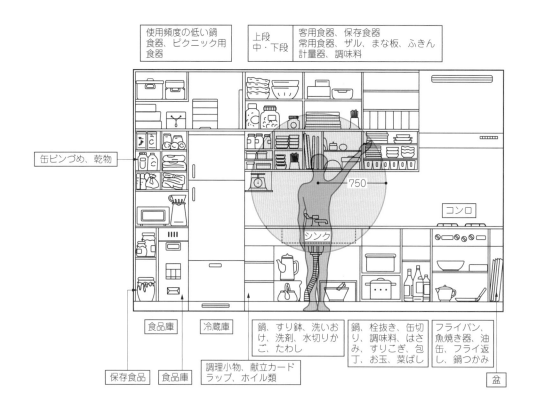

図2－37　台所における収納配置の例

第1章 建築と建築計画

第2章 住宅の計画

第3章 製図用具

第4章 図 法

第5章 製図規約

第6章 建築設計・製図

表2－3 高齢者等への配慮の例

［高齢者等配慮対策等級5］

	段差	手すり	その他
玄関	くつずりと玄関外 20mm 以下 玄関土間と上がり框 110mm 以下 （接地階に存する玄関のものにあっては 180mm、踏み段（奥行きが 300mm 以上で幅が 600mm 以上であり、かつ、1 段であるものに限る。）を設ける場合にあっては、360mm）	上がり框の昇降，靴の脱着のための手すり設置	勾配 6/7 以下 回り階段などは用いない
階段	蹴上げ寸法の 2 倍と踏面の寸法の和が 550mm 以上 650mm 以下 勾配 6/7 以下	両側設置： 高さ 踏面先端から 700 ～ 900mm）	ホームエレベーターを設置する場合の手すりは片側でよい
通路	段差なし（5mm 以下）	高さ 750mm ～ 800mm が望ましい	有効幅員 850mm 以上 柱などの箇所は 800mm 以上 仕上げは、滑り、転倒等に対する安全性に配慮したものであること。
出入り口	段差なし（5mm 以下）		玄関建具有効幅員 800mm 以上 浴室建具有効幅員 800mm 以上 （開き戸の建具厚み，引き戸の引き残しを除いた幅）
便所	段差なし（5mm 以下）	立ち座りのための手すり設置	短辺 1,300mm 以上または便器後方の壁から先端までの距離に＋ 500mm 以上
浴室	段差なし（5mm 以下）	浴室・浴槽の出入り立ち座り・姿勢保持のための手すりの設置	内法短辺 1,400mm 以上 面積 2.5㎡以上
特殊寝室	段差なし（5mm 以下）		面積 12㎡以上 玄関・便所・浴室・洗面所・脱衣室・食事室は同一階に配置

（国土交通省告示 評価方法基準より作成）

第2章 学習のまとめ

　この章では，住宅を設計する基礎となる，多様な生活，気象条件，敷地の形状，人や物の寸法，住宅の性能などを理解し，住宅を計画するために必要な建築主（発注者）の要求を的確に理解することの重要性，要求を具体的な形とするための配置計画，平面計画など全体計画の進め方と各部の計画について学んだ。

練習問題

次の空欄に適切な語句を入れなさい。

① 個人の生活で最も基本的なことは寝ることであり，共同の生活では食事である。住宅はこの二つの行為を別々に満足させる必要がある。これを（　　　）という。

② 各生活空間を大まかにブロック分けし，各室の独立，専有性及び共用性などの観点から，領域分けする作業を（　　　）という。

以下の文章が正しい場合は○，間違っている場合には×をつけなさい。

① 建築を計画する場合は，まず，人体や動作の寸法が基本となる。

② 寝室は，開放的で明るいほうがよい。

③ 建築の計画に当たっては，気象条件，敷地の条件，住宅の性能さえ満足していれば，住む人の考えは気にしないで計画する。

第1章 建築と建築計画

第2章 住宅の計画

第3章 製図用具

第4章 図

法

第5章 製図規約

第6章 実施設計図の製図

第3章 製図用具

建築製図を学ぶには，まず，製図用具及び材料について，その正しい使い方を学ぶ必要がある。

近年，一般的な建築業務に用いられる製図はCAD（コンピューター支援による設計・製図）によって作図される。しかしながら，はじめて建築製図を学ぶ者にとっては，線や文字の使い分け，表示記号や寸法の表示法，縮尺と精度の決め方など製図の基礎や規則を理解するうえで，手描きによる製図の訓練は大切なものである。

この章では，一般的な手描きの製図に用いられる製図用具と材料及びそれらの使い方について述べる。

第1節　製図用具とその扱い方

1.1　製図台・製図板・いす

製図台，製図板及びいすは，製図用具というよりも，むしろ，一般の学習における机，いすに当たるものであって，その用途も机，いすとしての用途にまで範囲が広げられる。

（1）製図台

製図台は，製図板を置く台である。机を代用して用いることもあるが，製図板の傾斜角度，高さの調節ができるものもある。

（2）製図板

製図板は，合板製のものや合板，金属板に合成樹脂板を張ったものなどがある。大きさは各種あり，建築製図に用いられるものは，A判，B判のものである。

製図板は，表面や縁にきずのないもの，表面が平滑であるもの，縁に狂いのないことが重要である。

製図台や机に載せ，定規が前に滑り落ちない範囲で傾斜させて用いる。

（3）い　す

製図用のいすは，高さの調節できるもので，一般のものよりやや高めのものがよい。

製図板の高さ，傾斜といすの高さを，各人が最も製図しやすく調節して用いる。大きな判の図面で，図面の上方を描く場合は，いすに掛けていると，身体が不自然になるので立って描くとよい。

1.2　定　　規

建築製図に一般に用いられる定規には次のようなものがある（図3－1）。

（1）　Ｔ定規・直定規

Ｔ定規は，Ｔ字型の長いガイドの薄い板と定規からなる定規で，薄板を製図板の縁に当て，上下に滑らせて水平の平行線を引いたりするのに用いる。

直定規は，長い直線を得るときに用いる目盛のない定規で，特に透視図を描く場合に，図形と消点を結ぶときにこの定規があると便利である。

（2）　三角定規

45°の直角二等辺三角形のものと，60°，30°の直角三角形のものの2枚で1組となっている。

建築製図では，30cm 程度のものと，15cm 程度のものを用途によって使い分けるとよい。

（3）　勾配定規

角度を自由に変えられるもので，斜め線を引く定規である。

（4）　雲形定規

曲線部分の線引き用定規である。複雑な形をした定規が数枚で1組となっており，組合せによっては，曲率の大きい曲線から小さい曲線まで得られる。

（5）　自在曲線定規

1本で自由な曲線の得られる定規である。凸形，凹形若しくは反曲などの曲線を描くことができる。

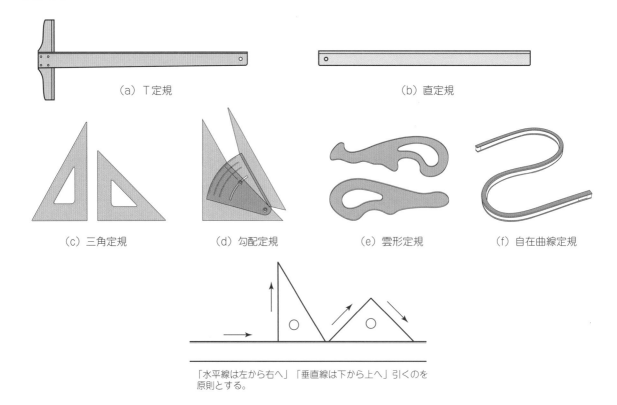

（a）Ｔ定規　　　　　　　　　　　　　　　　（b）直定規

（c）三角定規　　　（d）勾配定規　　　（e）雲形定規　　　（f）自在曲線定規

「水平線は左から右へ」「垂直線は下から上へ」引くのを
原則とする。

図3－1　各種の定規と線の引き方

第1章　建築と建築計画

第2章　住宅の計画

第3章　製図用具

第4章　図　　　　法

第5章　製図規約

第6章　実施設計図の製図

（6）各種型板（テンプレート）

さまざまな大きさの円形，楕円形，正方形などの形や，その他家具や車など各種の形をプラスチック板に切り抜いた型板がある。製図作業の中で，これらの型板を用いると大変便利である（図3-2）。

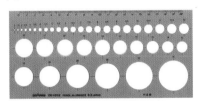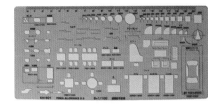

図3-2　各種のテンプレート

1.3　ものさし

（1）ものさし

長さをはかるためのもので，製図用としては一般に30cm程度のものを用いる。プラスチック製，金属製などがあり，目盛が刻んである（図3-3）。

図3-3　ものさし

（2）三角スケール

三角柱の各面に目盛を刻んだもので，1/100～1/600の尺度の異なった目盛となっている（図3-4）。長さには30cmと15cmのものがあり，両方あるとたいへん便利である。

図3-4　三角スケール

1.4　製図機械

T定規，三角定規，ものさしなどを製図板に取り付けて用いるもので，製図作業を能率的に行うことができる。

大別して，トラックタイプとアームタイプがある。図3-5にトラックタイプを示す。

1.5　平行定規

製図板に取り付けられ，常に平行に動くよう考案された定規である（図3-6）。T定規同様，三角定規や勾配定規と組み合わせて使われる。平行定規は，長い平行線が容易に得られるので，平行線とそれに直交する線の多い建築製図に適している。

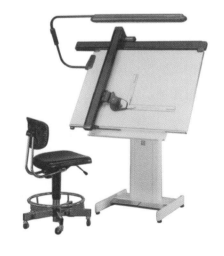

図3-5　製図機械

図3－6　平行定規

1.6　製図用紙

製図に用いられる用紙には，その目的に応じて次のような用紙がある。

（1）　トレーシングペーパー

トレーシングペーパーは，つや付きとつや消しのものがあるが，つや消しのほうは，直接鉛筆がきで複写ができる点から最も一般的である。しかし，保存中に変色すること，経年劣化により破れやすくなること，折りたたむと折り目が目立つこと，湿気に弱いことなどの欠点がある。

なお，和紙でできた薄美濃紙もあり，ともに図面を青焼き（複写）する場合にも用いる。

（2）　ケント紙

墨入れに適し，着色も可能なため，主にプレゼンテーションに用いられる。

（3）　水彩用紙

透視図（パース図），デッサンなどで彩色する場合に用いられ，消しゴムにも強いワトソン紙，水に強いキャンソン紙などがある。

1.7　筆記用具

製図に一般に用いられる筆記用具には次のようなものがある（図3－7）。

（1）　鉛　　筆

建築製図では，使用する用紙によっても異なるが，Bを中心に2B～3Hぐらいまでの広範囲のものが使われる。

鉛筆で線を引くには，重ね引きや返し引きをせず，始点と終点を見きわめ一気に引く。

（2）　芯ホルダー

鉛筆がわりに用いられる。芯のみを替えることによって，1本のホルダーで何種類もの硬度を，必要に応じて使い分けることができる。

（3）　製図用シャープペンシル

ペン先の長い製図用のものを使用し，替え芯の濃さはHB・Bなどがよく用いられる。

芯の太さは線の種類によって，0.3mm，0.5mm，0.7mmと使い分ける方法もある。作図をきれいに仕上げるには，鉛筆よりもシャープペンシルのほうが適している。

（4）製図用ペン・フェルトペン

　製図用ペンは墨入れ用に考案されたもので，太さは 0.1 ～ 2.0mm 程度まで各種ある。

　また，フェルトペンには，羊毛や合成繊維などを不織布化したフェルトを素材とし，樹脂加工を施したものがある。

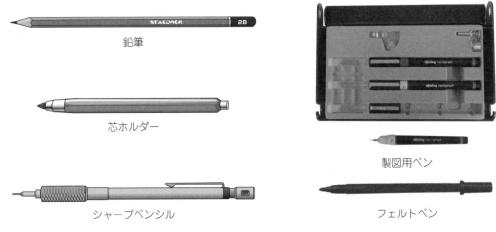

鉛筆

芯ホルダー

製図用ペン

シャープペンシル

フェルトペン

図3－7　筆記用具

1.8　製　図　器

　建築製図に一般的に用いられる製図器には，次のようなものがある（図3-8）。

（1）　コンパス

　コンパスは半径 15 ～ 20cm まで描けるものと，小円用のスプリングコンパス又はドロップコンパスがある。半径の大きな円が必要なときは，ビームコンパスを用いる。

（2）　ディバイダ

　ものさしから寸法を取って図面上に写すときや，直線をある寸法でいくつかに分割するときなどに用いる。両脚は 60°以上に広げると誤差が生じやすいので，建築製図では，直接図面にものさしを当てる方法がよく用いられる。

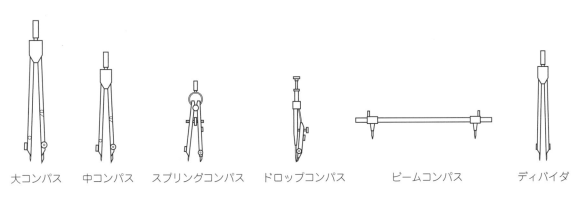

大コンパス　　中コンパス　　スプリングコンパス　　ドロップコンパス　　ビームコンパス　　ディバイダ

図3－8　製図器

第1章　建築と建築計画

第2章　住宅の計画

第3章　製図用具

第4章　図

法

第5章　製図規約

第6章　実施設計図の製図

1.9　その他の製図用具

（1）　消しゴム

　普通の消しゴムと砂入りの消しゴム（砂消しともいう）が用いられる。砂消しは，トレーシングペーパーへの墨入れや，鉛筆描きの消えにくいときに用いられる。

（2）　字消し板

　図面の線や文字に誤りがあるときに用いるもので，必要な部分を残し，消したい箇所のみに板を当て，消すことができる。

（3）　製図用ブラシ

　長さ5〜6cmの腰のある動物の毛でできており，芯の粉や消しゴムのかすなどを取り払うのに用いる。

（4）　芯削り器

　鉛筆の芯をとがらせるためのやすりである。さらに細くとがらせるには，トレーシングペーパーを利用してすり削る。

（5）　製図用テープ

　合板製の製図板では，粘着性のある製図用テープで用紙を止める。なお，用紙をマグネット板で固定しても，作図中に用紙がずれることがあるため，製図用テープを併用するとよい。

（6）　絵　　具

　透視図の着色に用いられる。絵具には，透明水彩や不透明水彩，アクリル絵具などがある。絵具を使用する際には，筆，筆洗い，パレットなどが必要である。

1.10　CADシステム

　CADとは，「Computer Aided Design」の略で，一般には「コンピュータ支援による設計・製図」のことである。

　設計図面は，従来，製図板と三角定規を使って手描きで設計図を作成していた。ところが，このCADシステムの導入によって，コンピュータのマウス一つで画面上に必要な図面や寸法を描くことができ，労力的にも時間的にも大幅な効率化が図れるようになった。

　建築分野では，ソフトウェアやコンピュータを用いて，平面図，立面図，断面図若しくは透視図のような図面を作成することを「建築CAD」と呼んでいる。コンピュータならではのプレゼンテーションやシミュレーションもできるため，今では必要不可欠な技術として求められている。

　また，CADシステムの正確な図面をプレカットシステムに連動させることによって，木造住宅の部材の接合部分などを，狂いのない高精度な加工技術で仕上げることも可能になった。

　図3－9にCADによる図面例を示す。

図3-9　CADによる図面例

第2節　製図作業と健康

製図の作業は，長時間にわたる机上（製図板上）の作業が多い。机上作業は，姿勢が前かがみになったり，目を酷使するなど健康上好ましくない場合があるので，次の諸点に注意するよう心掛ける。

2.1　姿　　勢

背筋をまっすぐに伸ばすよう心掛ける。図面の上方を描く場合は，いすに腰掛けたままだと，腹部を圧迫するから，立って作業するとよい。ときどき，両肩，背を後ろに反らせながら深呼吸し，作業姿勢からくる疲労を除くよう心掛ける。

2.2　照明と目の健康

製図板上の照明は十分明るく，安定していることが必要で，明るさは，製図板面で1500ルクス（1x）程度，部屋全体の照明と製図板上の局部照明とを併用することが望ましい。

自然光に頼る場合，南側窓からの直射日光は不安定なので，北側採光がよい。また，右ききの者にとっては，製図板の左上方からの採光が望ましい。自然光に頼る場合でも，局部人工照明を併用することが望ましい。

目と製図板上の距離は，25～30cm程度離すよう心掛け，ときどき，製図板上から目を離し，遠方に目を向け，目の疲れを除くよう心掛ける。

第1章　建築と建築計画

第2章　住宅の計画

第3章　製図用具

第4章　図　　法

第5章　製図規約

第6章　実施設計図の製図

2.3　清潔さの保持

　製図作業には，鉛筆が多用されるため，その粉が用具，手，衣類などに付着することが多い。また，三角定規やＴ定規の縁は，鉛筆が接するところであるだけに，特に汚れやすい箇所である。それらをそのまま放置することは，図面を不必要に汚すことになるばかりでなく，衛生上も好ましくない。

　そのため，作業に当たっては，常に清潔なタオルを用意しておき，手，用具をぬぐうとともに，必要に応じて専用のクリーナーを使用するとよい。また，作業衣も洗濯を心掛け，紙片，消しゴムの消しくずなどで汚れやすい製図台周辺の床面の清掃にも心掛ける。

第3章　学習のまとめ

　この章では，製図に用いられる用具や材料，それらの使用方法について学んだ。製図の基礎や規則を理解するうえで，これらの用具を用いた手描きによる製図の訓練が大切である。

練習問題

次の空欄に適切な語句を入れなさい。

① 製図に用いる定規には，Ｔ定規，直定規，三角定規，角度を自由に決められる（　　），曲線部分に用いる（　　），自由な曲線が得られる自在曲線定規などがある。

② 三角スケールには，三角柱の各面に（　　）～（　　）の尺度の異なった目盛が刻まれている。

③ 建築製図で使用する鉛筆には，Ｂを中心とした（　　）～（　　）の広範囲のものが使われる。

④ （　　）とは，Computer Aided Design の略で，一般には「コンピュータ支援による設計・製図」のことである。

⑤ 製図作業では，長時間にわたる机上の作業が多くなるため，（　　），（　　），（　　）に注意するよう心掛ける。

第1章 建築と建築計画

第2章 住宅の計画

第3章 製図用具

第4章 図 法

第5章 製図規約

第6章 建築設計・製図

第4章 図 法

建築製図では，複雑な種々の形態を表現するが，これらはすべて簡単な点，直線，円弧などで表される。また，立体である建築物が，すべて平面である紙面に表されるため，それに相応した図法で描かれることになる。

この章では，製図の入門としての簡単な図法について述べる。

第1節 平面図法

平面図法は，ものさしや分度器を用いないで，定規とコンパスだけで多くの図形を描く図法である。これを製図に活用することにより，正確でかつ速く図面が描ける。

1.1 直線の2等分

図4−1において，ABを定められた直線とする。A点及びB点を中心として同半径で円弧を描き，円弧の交点CDを結ぶ。CDとABの交点Eが直線ABの中心点である。なお，このときABとCDは直交する。

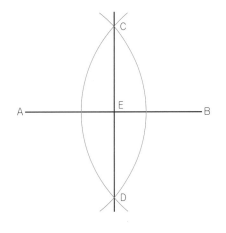

図4−1 直線の2等分

1.2 直線の任意等分（5等分）

図4−2において，ABを与えられた直線とする。A点より任意の直線ACを引く。点Aを起点として任意の長さA_1を定めてこの長さで次々と1，2，3，4，5までとる。5の点とB点を結び，5Bに平行に$4B_4$，$3B_3$，$2B_2$，$1B_1$を直線で引くとB_4〜B_1が求めるAB間の等分点となる。

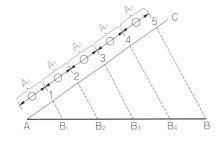

図4−2 直線を任意に等分（5等分の場合）

51

1.3　平行する直線間の任意等分

図4－3において，直線ＡＢ及びＣＤを平行する2直線とする。2直線を結ぶ任意の点ＥＦをとり，ＥＦを前述の方法で任意に等分し，ＡＢ及びＣＤに平行な直線を引けば，ＡＢ，ＣＤ間はn等分できる。この分割法は，建築製図では，ものさしを使ってしばしば応用される。

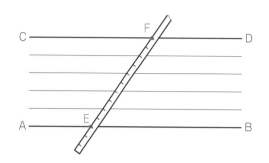

図4－3　ものさしを使用した平行線間の分割

1.4　角の2等分

図4－4において，∠ＣＡＢを与えられた角とする。点Ａを中心に任意の半径で円弧ａｂを描く。さらにａ点及びｂ点を中心に同半径の円弧の交点Ｄを求めれば，ＡＤは∠ＣＡＢを等分する。なお，この方法を順次繰り返せば，4，8，16，32……などの2の倍数に角度を等分することができる。

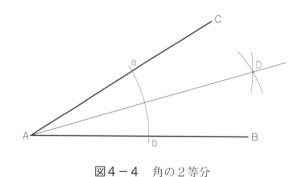

図4－4　角の2等分

1.5　円の中心の求め方

図4－5において，与えられた円上に任意の点Ａ，Ｂをとり，線ＡＢをつくる。Ａ，Ｂ点よりそれぞれ垂線ＡＣ及びＢＤをつくる。線ＡＤ及び線ＢＣを結べばＡＤ及びＢＣの交点Ｏが，与えられた円の中心である。

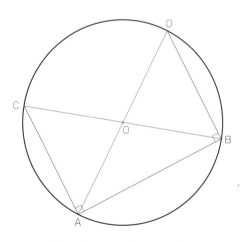

図4－5　円の中心の求め方

1.6 正多角形

（1）正三角形

a．一辺が与えられた正三角形

図4-6において，直線ABを与えられた一辺とする。A点，B点を中心にそれぞれ半径ABの円弧を描けば，交点Cは求める正三角形の他の頂点である。

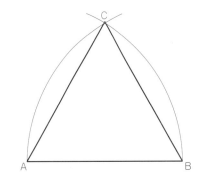

図4-6　一辺が与えられた正三角形

b．円に内接する正三角形

図4-7において，与えられた円に直径ABを描く。Bを中心に与えられた円と同半径の円弧CDOを描けば，点A，C，Dはそれぞれ求める正三角形の各頂点である。

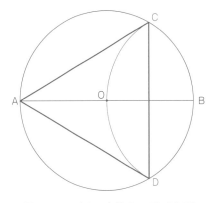

図4-7　円に内接する正三角形

（2）正方形（円に内接する正方形）

図4-8において，与えられた円に直径ABを描く。円の中心O（ABの中点）を通りABに直交する直径CDを描けばA，C，B，Dは求める正方形の各頂点である。

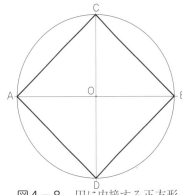

図4-8　円に内接する正方形

（3）正五角形

図4-9において，線分ABを与えられた一辺とする。MNをABの垂直2等分線とし，AB＝MNとする。ANを結びAN延長上にNK＝AM＝$\frac{1}{2}$ABなる点Kをとる。AKは一対角線の長さである。A点を中心にMN延長上にAK＝ADをとればDはABを一辺とする正五角形の一頂点である。ABを半径とし，点A，B，Dを中心とした円弧を描けば，それぞれの交点E，Cは求める正五角形の頂点である。

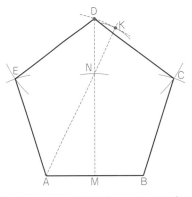

図4-9　一辺が与えられた正五角形

（4）　正六角形

図4－10において，線ＡＢを与えられた一辺と
する。点Ａ，Ｂを中心に半径ＡＢの円弧の交点Ｏを
求める。Ｏを中心とする半径ＡＢの円を描き，同半
径の円弧で円周上に順次Ｃ，Ｆ，Ｄ，Ｅを求めれば，
点Ａ，Ｂ，Ｃ，Ｄ，Ｅ，Ｆは求める正六角形の頂点
である（円に内接する正六角形の場合は，与えられ
た円の半径で円周を切ればよい）。

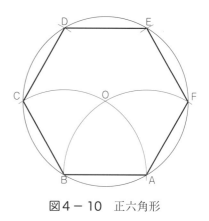

図4－10　正六角形

第2節　投　影　法

投影法とは，物体の形状を平面上に示すための手法で，物体に一定の光線を当てて，垂直面
又は水平面に映る影を利用している。直交する平面（投影面という）を設け，これに平行光線
を垂直に入射させる**正投影法**，斜めに入射させる**斜投影法**や，**透視投影法**などがある。

建築製図で主に用いられる投影図の描き方には次の種類があり，それぞれ特徴に応じて用い
られる（図4－11）。

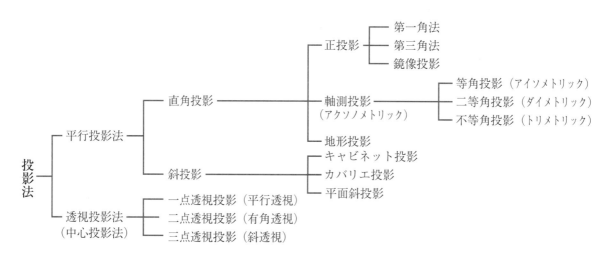

図4－11　投影法の種類

正投影法は，物体の影を映す面（影面又は画面，スクリーンともいう）が，互いに直交する
二つの面に垂直な平行光線を当てて影を映す方法である。建築設計図と呼ばれる図面のほとん
どは，この図法による。

2.1　正　投　影　法

図4－12に示すように，それぞれ直交する画面があるとする。空間に置かれた物体に，そ
れぞれの画面に垂直な平行光線を当てると，画面に物の影ができる。それぞれの影を画面上に
映し，この画面を開いて一平面上に表すことを応用したのが正投影法である。この正投影法に
は，物体と画面との関係で第一角法と第三角法などの方法がある。図4－13に第三角法を示す。

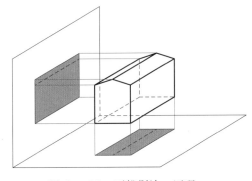

図4－12　正投影法の原理

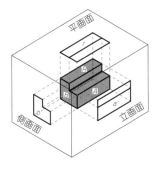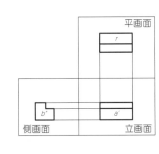

図4－13　第三角法

（1）　平面図形の投影

　平面図形の投影図は，その輪郭線の投影で示される。

　平面図形が画面と平行な場合は，図形の実形が得られ，画面に垂直な場合は，投影図は直線となって現れる。また，画面に傾斜した場合は，実形より小さく変形されて現れる。

（2）　立体の投影

　立体の投影は，立体を包む面の投影であり，立体の輪郭や面と面との交線の投影で表される。図4－14に，基本的なさまざまな立体の投影を示す。

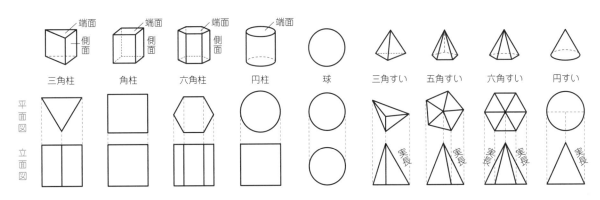

図4－14　基本的な立体の投影

2.2　軸測投影法（アクソノメトリック）

　軸測投影法とは，対象物を傾けて投影することにより，立体的に表現する一つの方法である。正投影法では，対象物を真正面や真上，真横から正投影した図面により立体をイメージしなければならないが，軸測投影法は，幅・高さ・奥行きが一つの図面に描かれているため，視覚的

第1章　建築と建築計画

第2章　住宅の計画

第3章　製図用具

第4章　図　法

第5章　製図規約

第6章　建築設計・製図

に理解しやすい。

この軸測投影法の中でも，対象物の直交する3つの座標軸が互いに120°になるように描く図法を**等角投影法**といい，この手法により描かれた図を一般に**アイソメ図**（図4 - 15（a））と呼ぶ。立方体を等角投影法で描いた場合，3つの面の面積がすべて同じであるという特徴がある。これに対し，対象物の直交する3つの座標軸を異なった角度で投影して描く方法に**不等角投影法**（**二等角投影法**も含む）がある。

等角投影法は，軸測の傾きがすべて同じであることから，すべての軸の長さ比が同じとなり描きやすい。そのことから建物の外観や仕口・継手などの表現に用いることも多いが，インテリアを表現するときに柱と柱が重なってわかりにくくなることもある。一方，不等角投影法(二等角投影法）は，正面となる面の面積を大きく表現できるため，建物の外観や家具などの表現に向いているが，それぞれの軸の長さ比が異なるために，描きにくいなどの不利な点もある。建築では，これらの図法のほかに，平面図を直接利用して高さを加えて立体化する**平面斜投影法**も利用される。図4 - 15に等角投影図，二等角投影図，平面斜投影図の一例を示す。

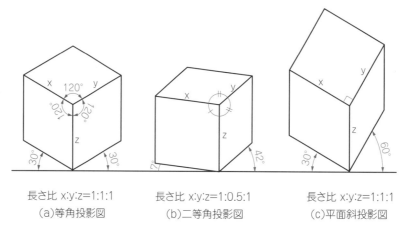

長さ比 x:y:z=1:1:1　　　長さ比 x:y:z=1:0.5:1　　　長さ比 x:y:z=1:1:1
（a）等角投影図　　　　　（b）二等角投影図　　　　　（c）平面斜投影図

図4 - 15　軸測投影図（アクソメ図）

2.3　透視投影法

他の投影法が，すべて画面に対して平行光線を投ずる際にできる影を描くことを想定しているのに対し，透視投影法（透視図法ともいう）は，点光源から発する光線（集束光線）によってできる影を描くことを想定している。これはまた，目と物体の間に透明なスクリーンを立て，スクリーンに映る影をなぞることと原理的に等しい。

（1）　透視投影法の原理

図4 - 16において，物体A，B，C……Hと視点Oとの間に，画面PP（透視のガラス板と考えるとよい）を置いたとする。このとき，物体のA，B，C……Hの各点とOを結ぶ視線が，画面PPを貫く点をそれぞれA′，B′，C′…H′とすれば，図A′B′C′……H′は，物体ABC……Hの投影図である。

（2）　二点透視投影法

図4 - 17は，物体が画面に対してある角度傾斜して置かれた場合の投影法である。

第1章 建築と建築計画

第2章 住宅の計画・

第3章 製図用具

第4章 図

法

第5章 製図規約

第6章 建築設計・製図

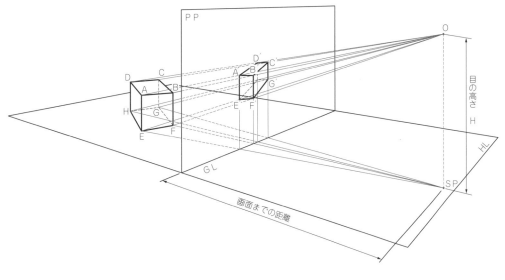

図4-16 透視図法の原理

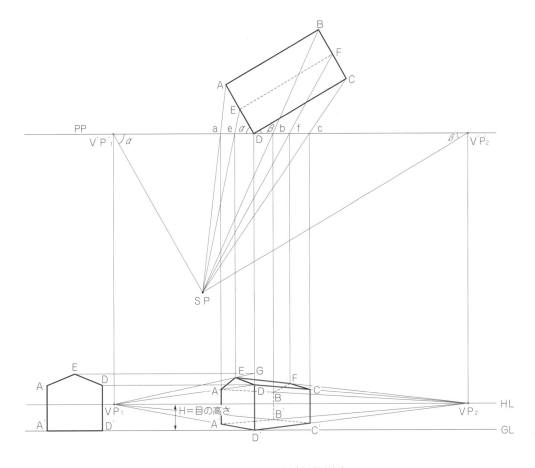

図4-17 二点透視投影法

投影図に用いられる記号は次のとおりである。

SP：立脚点

O ：視点

PP：投影面

VP：消点

GL：基準線

H ：目の高さ

　　ＨＬ：地平線

　この投影のように，画面にある角度傾斜した場合の投影図は，消点が二点できる。これを二消点投影図という。

　一般的に角度 α を60°，β を30°と設定するのが，視覚的にも適している。

〔作図法〕

①　平面図を投影面（ＰＰ）に角度をもたせて配置する。

　　立面図は，基準線（ＧＬ）上に配置する。

　　平面図とＰＰとの接点Ｄより垂直線をおろす。ＤＤ′は実長である。

　　立脚点（ＳＰ）を設定し，ＳＰからＤＡ，ＤＣにおのおの平行な線を引き，ＰＰとの交点Ｖ′Ｐ′₁，Ｖ′Ｐ′₂から垂直におろした線とＨＬとの交点がＶＰ₁，ＶＰ₂となる。

　　立面図から高さＤＤ′をとる。

②　点Ｄ，Ｄ′よりＶＰ₁，ＶＰ₂におのおのパースラインを引く。

　　ＳＰと平面図の各点Ａ，Ｂ，Ｃ，Ｅ，Ｆを結ぶ線（足線）を引く。

③　各足線とＰＰとの交点ａ，ｂ，ｃ，ｅ，ｆより垂直線をおろす。

④　立面図の点ＥよりＧＬに平行に，高さ（実長）のラインを引き，ＤＤ′との交点Ｇを求める。

　　交点ｅからの垂直線とＶＰ₁Ｇの交点が点Ｅとなる。

⑤　④で求めた点ＥとＶＰ₂を結んだ線と，交点ｆからの垂直線の交点が点Ｆとなる。

⑥　おろした垂直線とパースラインとの交点Ａ，Ａ′，Ｃ，Ｃ′，Ｅ，ＦよりおのおのＡ，Ａ′，ＥからＶＰ₁へ，Ａ，Ａ′，Ｃ，Ｃ′，ＦからＶＰ₂へとパースラインを結ぶと，Ｂ，Ｂ′ができ，二消点投影図が完成する。

（3）　一点透視投影法

　物体の面が，すべて画面に対して平行又は直角をなす場合には，視心（ＶＣ）の一つとなる。

　このときの投影図法を**一点透視投影法**という。一点透視投影法は，インテリアパースとしてよく用いられている図法である。図4－18に一点透視投影法の作図を示す。

第1章 建築と建築計画

第2章 住宅の計画

第3章 製図用具

第4章 図

法

第5章 製図規約

第6章 建築設計・製図

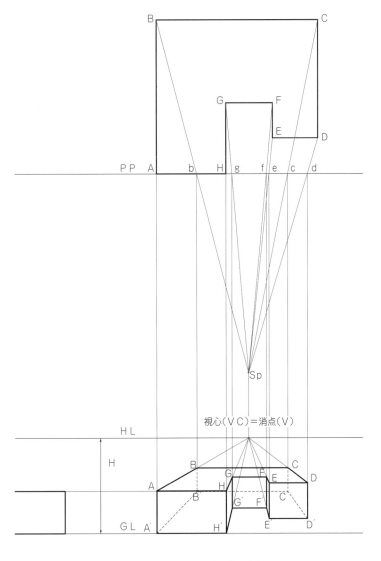

図4-18　一点透視投影法

┌───┐
│ **第4章** 学習のまとめ │
└───┘

　建築図面は，実際は立体のものを平面上に描き表しているため，その図面から立体を
イメージするのは容易ではない。これに対して，透視図はもともと立体的に描き表して
いるので，見たままの形が表現できる。

　この章では，簡単な図法から透視図の描き方について学んだ。建築の設計を行う場合
の基礎となる立体概念を，このような図を描きながら養っていくことが重要である。

練習問題

次の空欄に適切な語句を入れなさい。

①　投影法とは，物体の形状を（　　）に示すための手法で，物体に一定の光線を当てて，
　　垂直面又は水平面に映る影を利用している。

②　投影法には，（　　）と（　　）がある。

以下の文章が正しい場合は○，間違っている場合には×をつけなさい。

①　正投影法は，物体の影を映す面が，互いに直交する二つの面に垂直な平行光線を当てて
　　影を映す方法であり，建築設計図と呼ばれる図面のほとんどはこの図法による。

②　軸測投影法の中でも，対象物の直交する3つの座標軸が互いに120°になるように描く
　　図法を等角投影法といい，この手法により描かれた図を一般にアイソメ図と呼ぶ。

③　透視投影法は，一点透視投影法と二点透視投影法の2種類である。

第1章 建築と建築計画

第2章 建築計画

第3章 製図用具

第4章 図法

第5章 製図規約

第6章 建築設計・製図

第5章 製図規約

建築設計図は，建物各部の形状・寸法・材料などを具体的に表現するものである。しかし，その表示方法が描く人によって異なると，混乱を招くことになる。したがって，図面は建築に従事する技術者・技能者が同様に理解できるように，基本となる事柄について共通の約束を決めておく必要がある。この約束を標準化したものが，JISの建築製図通則である。

この章では，建築製図に関する規約について述べる。

建築製図では，日本産業規格（**JIS**）と国際規格（ISO）との整合性が図られ一般化する方向にある。

表5-1にJIS製図規格と国際規格を，建築製図に関するもののみ抜粋して示す。

表5-1　JIS製図規格と国際規格の一部（建築製図に関するもののみ抜粋）

規格分類	JIS番号		規格名称
基　本	Z 8310	：2010	製図総則
	Z 8114	：1999	製図-製図用語 -------------------------------（ISO 10209-1, -2）
	B 3401	：1993	CAD用語
	Z 8311	：1998	製図-製図用紙のサイズ及び図面の様式 --------------（ISO 5457）
	Z 8312	：1999	製図-表示の一般原則-線の基本原則 ----------------（ISO 128-20）
	Z 8313-0	：1998	製図-文字-第0部：通則 ----------------------------（ISO 3098）
	Z 8313-1	：1998	製図-文字-第1部：ローマ字，数字及び記号 --------（ISO 3098-1）
	Z 8313-2	：1998	製図-文字-第2部：ギリシャ文字 ------------------（ISO 3098-2）
	Z 8313-10	：1998	製図-文字-第10部：平仮名，片仮名及び漢字
	Z 8314	：1998	製図-尺度 --（ISO 5455）
	Z 8315-1	：1999	製図-投影法-第1部：通則 ---------------------------（ISO 5456-1）
	Z 8315-2	：1999	製図-投影法-第2部：正投影法 ---------------------（ISO 5456-2）
	Z 8315-3	：1999	製図-投影法-第3部：軸測投影 ---------------------（ISO 5456-3）
	Z 8315-4	：1999	製図-投影法-第4部：透視投影 ---------------------（ISO 5456-4）
	Z 8316	：1999	製図-図形の表し方の原則 ----------------------------（ISO 128）
	Z 8317-1	：2008	寸法及び公差の記入方法-第1部：一般原則 ------------（ISO 129）
	Z 8318	：1998	製図-長さ寸法及び角度寸法の許容限界記入方法 --------（ISO 406）
部門別	A 0150	：1999	建築製図通則 --------------------------------（ISO 4068, 519, 8048）

1.1　表示記号

建築の設計図は，主として縮尺して描かれるため，図上に実形を描ききれない場合が多く，ある程度記号化する必要がある。また，用いられる多くの材料が視覚的に区別できた方が便利であるなどの観点から定められているのが，平面表示記号（表5-2）と材料構造表示記号（表5-3）である。

表5−2　平面表示記号

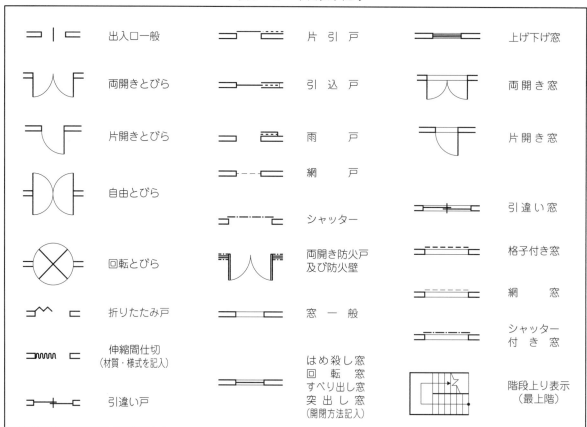

表5－3　材料構造表示記号

第1章　建築と建築計画
第2章　建築計画
第3章　製図用具
第4章　図　　法
第5章　製図規約
第6章　建築設計・製図

表示事項 ＼ 縮尺程度による区分	縮尺1/100または1/200程度の場合	縮尺1/20または1/50程度の場合（縮尺1/100または1/200程度の場合でも用いてもよい）	現寸および縮尺1/2または1/5程度の場合（縮尺1/20、1/50、1/100または1/200程度の場合でも用いてもよい）
壁　一般	（図）	（図）	（図）
コンクリートおよび鉄筋コンクリート	（図）	（図）	（図）
軽量壁　一般	（図）	（図）	（図）
普通ブロック壁	（図）	（図）	（図）
軽量ブロック壁	（図）	（図）	（図）
鉄骨	（図）	（図）	（図）
木　および　木造	化粧材 ／ 構造材 ／ 補助構造材（図）	化粧材 ／ 化粧材（年輪または木目を記入する） ／ 構造材 ／ 補助構造材 ／ 合板（図）	実形をかいて材料名を記入する
地盤	（図）	（図）	（図）

表示事項 ＼ 縮尺程度による区分	縮尺1/20または1/50程度の場合（縮尺1/100または1/200程度の場合でも用いてもよい）	現寸および縮尺1/2または1/5程度の場合（縮尺1/20、1/50、1/100または1/200程度の場合でも用いてもよい）
割栗	（図）	（図）
砂利・砂	材料名を記入する	材料名を記入する
石　または　ぎ石　材	石材名またはぎ石名を記入する	石材名またはぎ石名を記入する
左官仕上	材料名および仕上の種類を記入する	材料名および仕上の種類を記入する
畳	（図）	（図）
保温吸音材	材料名を記入する	材料名を記入する
網	材料名を記入する（メタルラスの場合／ワイヤラスの場合／リブラスの場合）	材料名を記入する
板ガラス	材料名を記入する	材料名を記入する
タイルまたはテラコッタ	材料名を記入する	材料名を記入する
その他の材料	輪郭をかいて材料名を記入する	輪郭または実形をかいて材料名を記入する

1.2　文　　字

文字に関しては次のような定めがある。

① 　漢字・かな・数字・英字を用いる。かなはひらがな又はカタカナのいずれかを用い，一連の図面においては混用しない。ただし，外来語はカタカナを用いて表記する。

② 　文章は，左横書きを原則とし，簡潔にまとめて書く。

③ 　文字の大きさは，日本産業規格（ＪＩＳ）Ｚ 8313 の規定によると次のとおりである。

漢　　字　　3.5，5，7，10，14，20mm

か　　な　　2.5，3.5，5，7，10，14，20mm

ローマ字，数字　2.5，3.5，5，7，10，14，20mm

読みやすく，書きやすい書体を習得することが必要である。また，大きさは，練習段階では定められた各々の大きさでの練習が必要であるが，実際の製図では，その都度寸法を測ると効率が悪いので，およそ合致していればよい。

1.3　線

　ＪＩＳ に線の基本原則の規定があるが，建築設計図面を見やすく，読みやすくするため，一般には次の５種類（実線，破線，点線，一点鎖線，二点鎖線）を使い分けて作図する。また，線の太さは，太線，中線，細線，極細線を使い分けて用いる。

　図中の線の種類の選定は，基準線のほかは特に決まりはないが，本書では表５−４に示す線種を用いる。

　線は図面にとって重要な要素であり，線の描き方いかんによって図面自体の明確さも美しさも決まってしまう。線と線の交わり方，つなぎ方なども練習しなければならない（図５−１）。

表５−４　線の種類と用い方

線の種類			用い方による名称	線の用い方
実線	太　線	0.5mm	断　面　線	・建物や部材の切断部を表すのに用いる。
	中　線	0.25mm	外　形　線	・ものの外側から見える形状を表すのに用いる。
	細　線	0.13mm	仕　上　線	・レベル差の少ない同一平面上の目地等を表すのに用いる。
			寸　法　線	・寸法を記入するのに用いる。
			引　出　線	・記述や記号を引き出すのに用いる。
			ハッチング	・断面の切り口等他と区別するのに用いる。
	極細線	0.05mm	下　書　線	・下書をするのに用いる。
細い破線又は太い破線			かくれ線	・実際には見えない部分の形状を表すのに用いる。
細い二点鎖線			想　像　線	・加工前の状態や動くものの位置を表すのに用いる。

第1章 建築と建築計画

第2章 建築計画

第3章 製図用具

第4章 図

法

第5章 製図規約

第6章 建築設計・製図

太い一点鎖線	—·—·—	特殊指定線	・特別な要求事項を適用すべき範囲を表すのに用いる。
細い一点鎖線	—·—·—	基　準　線 中　心　線	・位置決定のよりどころを表すのに用いる。 ・図形の中心を表すのに用いる。
細い一点鎖線で，端部及び方向の変わる部分を太くしたもの		切　断　線	・断面位置を表すのに用いる。
波形の細い実線又はジグザグ線	〜〜〜	破　断　線	・対象物の一部を破った境界や一部を取り去った境界を表すのに用いる。

（a）線端が延びすぎる　　　（b）線端不足　　　（c）正しい結び方

良　　　不良（b）

不良(a)　　　良

図中(a)は線端が延びすぎる，(b)は線端不足を示す

良　　良

良　　良

良

破線が接近するときは交互に

（d）同じ太さで接続　　　（e）線の太さがくい違っている　　　（f）線がくい違う

図5-1　線の描き方

　階段は細い実線を用いて描き，方向を示す矢印は階段の中心線上に細い実線を用いて，最下部の断鼻線（だんばな）を示す白丸と，最上部の断鼻線を示す矢印によって描く。階段の切断はジグザグ（省略してもよい）付きの細い実線により表示する（図5-2）。

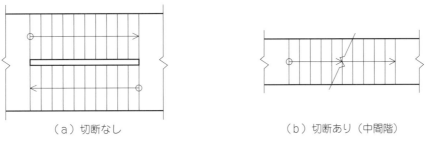

（a）切断なし　　　　　　（b）切断あり（中間階）

図5-2　階段の描き方

1.4　尺　　度

限られた紙面に製図するため，建築の設計図はほとんど寸法をある一定の比率で縮小して描かれることが多い。このことを**縮尺**，拡大して描く場合を**倍尺**という。また，この比率のことを尺度という（表5－5）。

なお，図面上での尺度の表現は，10分の1の場合，1／10，1：10などと描き表す。

表5－5　尺度と図面

推奨尺度	現寸図	部分詳細図	矩計図	詳細図（平面・展開）	一般図（平・立・断）	構造図	設備図	配置図
1：1	●							
1：2		●						
1：5		●						
1：10		●	○					
1：20		●	●	○		○	○	
1：30		○	●	○		○	○	
1：50		○	●	●	○	○	○	○
1：100				○	●	●	●	●
1：200					●	●	●	●
1：500					○		○	○
1：1,000							○	●
1：2,000							○	○

●：よく使われる。　　○：たまに使われる。

1.5　寸法の表示

（1）寸　　法

寸法を示す際の単位は，原則としてミリメートルとする。その場合の単位記号は付けない。その他のメートルなどの単位を用いるときは，必ず単位記号を付けなければならない。

設計図の中で図形を表すのに必要な寸法を，正確に記入し，脱落のないようにする。

なお，建築製図では，端末記号に黒丸を用いるのが一般的である。また，木材などの部材寸法は，特に明示する場合を除き仕上げ寸法とする（一般的に，構造材は，仕上げ寸法で記入される）。

（2）寸　法　線

寸法線の両端の表示は，図5－3のように表す。

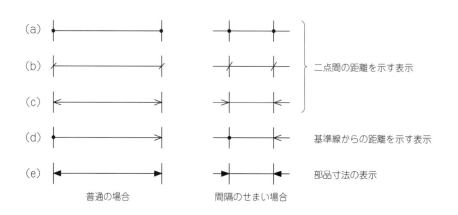

図5－3　寸法線の両端の表示

寸法及び寸法線の記入は，次のように注意すれば，図面は見やすく，間違いなく理解されるようになる。

① 寸法を表示する対象図形を中心に，近くに細部の細かい寸法を，遠ざかるに従って大きな寸法を記入する（図5－4）。

② 寸法線は，できるだけ他の寸法線や，外形線などと紛らわしくならないようにする。

③ 他の記入文字と，寸法の数字が，あまり接近しないようにする。

④ 狭い部分は，図5－4に示すように，紛らわしくないように記入する。

⑤ 寸法線端部の小丸と数字の小数点とをはっきり区別する。

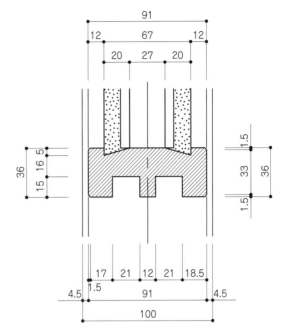

図5－4　建築製図で表される寸法記入の例

1．6　位置の表示

建築物の設計や施工を行う場合，図面上の建築各部の位置を，矛盾なく表示する必要がある。

建築各部の位置を示すための基準となる線を，**基準線**といい，位置の表示の仕方も定められている。

平面的には，X方向（横方向）とY方向（縦方向）に，立体的にはZ方向（高さ方向）に設定する（図5－5）。

（1）　基　準　線

基準線は，原則として細い実線を用いることになっているが，紛らわしい場合は一点鎖線を用いてもよい。

基準線の端部をはっきり示す必要がある箇所では，線の片方又は両側に，細い線で描いた円を付ける（図5－6）。

（2）　位置の表示

図5－7に示すように，円の中の基準記号によって示してもよい。必要があれば基準記号の円の近くに置いてもよい。図に示されているアルファベットの基準線は例である。

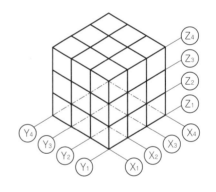

図5－5　基準線

図5－6　基準線の端部記号

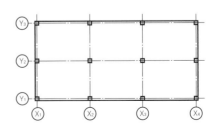

図5－7　基準線の入れ方

1.7　図　　面

　製図用紙は，横に使うことが多い。また，普通，輪郭（りんかく）の寸法は 10mm 程度とする。輪郭を付けない場合でも，同種の余白をとる。また，とじる場合は，用紙の左側に余白をとる。

　図面の右下隅（すみ）に，適当な大きさの**表題欄**を設け，これに図面番号，工事名称，図面名称，尺度，製図担当者氏名，設計者氏名，図面作成日付などを記入する（図5－8）。

（a）A0からA4で長辺を左右方向に置いた場合　　　（b）A4で短辺を左右方向に置いた場合

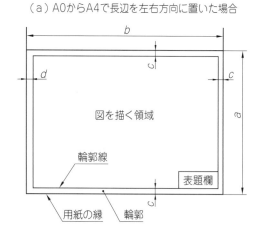
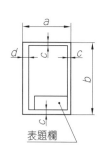

単位　mm

用紙の大きさの呼び		A0	A1	A2	A3	A4
$a \times b$		841 × 1189	594 × 841	420 × 594	297 × 420	210 × 297
c（最小）		20	20	10	10	10
d（最小）	とじない場合	20	20	10	10	10
	とじる場合	20	20	20	20	20

　備　考　d の部分は，図面をとじるために折りたたんだとき，とじしろが輪郭線の外側にくるようにする。

図5－8　輪郭のとり方

1.8　図の配置

　平面図，配置図などの水平面で表す図面は，原則として北方向を上方に描く。建物や敷地の形状によっては，北方向を上方にすると図面にうまく納まらなかったり，余白が多く生じる。不都合な場合は，必ずしも北方向を上方に描かなくてもよいが，できるだけ向きを一定にし，北方向が上方になるように描く。

　立面図，断面図などの建物の上下方向が明確に表現される図面では，上下方向を図面の上下に合わせる。しかし，これらも，図の形状によって上下方向を図面の上下に合わせることが著しく不都合な場合は，立面図や断面図の上部が図面の左側に，下部が図面の右側になるように描く。この場合，記入文字も，一部の寸法表示を除いて，図に合わせて左を上に，身体をひねって描き入れることになる（図5－9）。

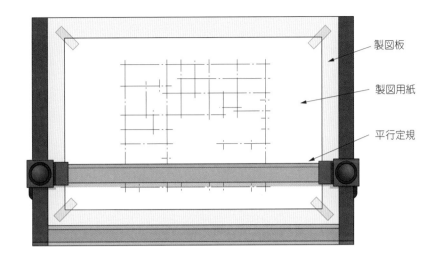

製図板

製図用紙

平行定規

図5-9　図の配置

第1章　建築と建築計画

第2章　建築計画

第3章　製図用具

第4章　図　　　法

第5章　製図規約

第6章　建築設計・製図

第5章　学習のまとめ

　この章では，製図規約について学習し，製図表現の決まりごとについて学んだ。

　実際に誤りのない図面を描いていくためには，建築技術者として必要な知識や表現方法を理解し，基本的な製図のルールを確実に身につけることが重要である。

練習問題

次の空欄に適切な語句を入れなさい。

① 　寸法を示す際の単位は，原則として（　　）とし，単位記号は付けない。その他の単位記号を用いる場合には，必ず単位記号を付けなければならない。

② 　図面は，原則として図面の上方を（　　）とする。

以下の文章が正しい場合には○，間違っている場合には×をつけなさい。

① 　矩計図の推奨尺度は，1／20～1／50である。

② 　図面の左下隅に，適当な大きさの表題欄を設け，これに工事名称，図面名称，尺度，設計者，図面作成日付などを記入する。

第1章 建築と建築計画

第2章 建築計画

第3章 製図用具

第4章 図

法

第5章 製図規約

第6章 建築設計・製図

第6章 建築設計・製図

建物を建てる場合には，通常，建築主（発注者），設計者及び施工者の３者が存在する。

なかでも，設計者は，建築主とコミュニケーションを図り，自己の専門的知識と技術によって，設計案の完成予想や内容が分かる具体的な設計図書を作成しなければならない。その後，工事を行う際には，施工者に対して設計図書を通じて，その意図を十分伝達させる必要がある。また，意図の伝達には，第５章で学んだ建築製図規約によって製図しなければならない。

この章では，建築図面の製図について述べる。

第1節　図面の種類

建物の計画から工事完成までの間には，さまざまな図面が作成される。これらの図面は企画図，基本設計図，実施設計図に大別される。

（1）企画図

建築主から依頼を受けた設計者が，建築主の意図や諸々の条件をもとに，自由な表現で構想を描くものを**企画図**といい，描き方はさまざまである。

（2）基本設計図

構想がまとまった段階で作成される設計図面を**基本設計図**という。基本設計図は，基本的な大枠を確認するための図面であり，構造，仕上げ材料，概算工事費などについても検討される。

配置図・平面図・立面図・断面図・仕上げ表・面積表などの種類があり，戸建住宅のような小規模な建物は縮尺１／100で表し，大規模な建物は１／200で表現することが多い。なお，最終的に実施設計図を作成する際の基本となる図面であり，これらの図面は建築確認申請でも用いられる。

（3）実施設計図

実施設計図は，意匠図，構造図，設備図に分類され，建物を施工する際に仕様書とともに用いられるもので，より詳細な内容で作成される図面である。

ａ．建築（意匠）図

基本設計図のほかに建物の詳細を表した図面で，基本設計図に加え，矩計図・展開図・建具表・外構図などがある。

ｂ．構造図

建物の構造に関する図面で，各種の伏図・軸組図・部材リスト・詳細図などがある。

c．設備図

電気の配線やコンセント，換気設備，配管の状態などを表した図面で，電気設備図・空調設備図・給排水衛生設備図などがある。

（4） 施 工 図

施工図は，建築現場で用いられるもので，設計図の不足情報を記した図面である。

建物の施工段階で作成する図面には，施工上の手段，順序を表す施工計画図と，施工段階で検討を要する部分的納まりや，タイル，ボード類の割付け，カーブ部分の原寸などを表す図面がある。

（5） 申 請 図

建物の確認申請上必要な図面で，設計図から申請に必要なものだけを抜き出し，法規上必要な事項を書き加えて用いる。

第2節　付近見取図・面積表

2.1　付近見取図

付近見取図は一般に**案内図**とも呼ばれ，建設地を明示する図である。方位・道路及び目標となる物を明示する。目標となる物には，鉄道駅，官公署，学校，公園その他の公的施設，寺社などが選ばれる。また敷地の所在地も併記され，図の尺度は，およそ1／500～2000で描かれる。

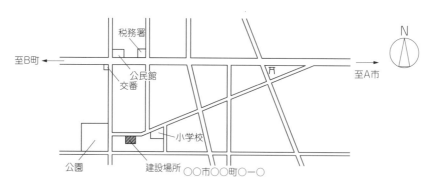

図6－1　付近見取図

2.2　面 積 表

敷地面積，建物面積，各階床面積，延べ面積などが示される。また，これらの算出根拠も合わせて表記されることが多い。

表6－1　面積表

面 積 表		(㎡)
敷地面積		194.98
建築面積		70.39
床 面 積　　1階		66.66
2階		64.18
延べ面積		130.84
建ぺい率	（70.39/194.98）×100	36.10%
容 積 率	（130.84/194.98）×100	67.10%

第3節　各種図面

3.1　配置図・平面図

（1）　配　置　図

　敷地内の建築物の位置を示す図面を**配置図**という。配置図に描き表すものには，敷地の大きさ，建築物の位置，方位，前面道路，隣地境界線，道路境界線，植栽，駐車・駐輪スペース，物置，敷地周辺との高低差などがある。

（2）　平　面　図

　建築物を床上1.5 m程度のところで水平に切断したときの水平面の投影図を**平面図**という。平面図に描き表すものには，柱，壁，出入口，建具の種類，開き勝手，階段の昇り方向，床仕上げ，床の高低寸法，付帯設備や造り付け家具，平面寸法，方位，縮尺，室名（しつめい）などがある。

　次に1／100の配置図兼1階平面図及び2階平面図の描き方を示す。

　なお，本書で取り上げているプロセス図については，各プロセスの文章中，「太線で描く」などのように線種が指定されていない場合は，すべて実線を用いるものとする。また，2階平面図については，完成図のみの掲載とし，手順は省略する。

表6-2　プロセス図の表記について

表記例			
名　称	表　記	名　称	記　号
細線	————	筋交い	▽
中線	————	出入口	▼
太線	————	通し柱	◎
一点鎖線	—・—	換気扇	⊗

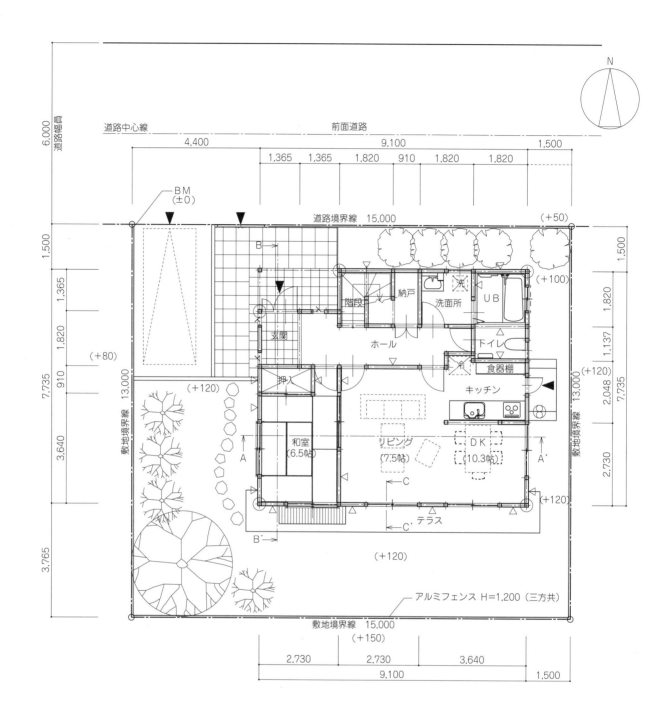

配置図兼１階平面図　1:100

図６−２　配置図兼１階平面図（80％縮小）

第1章 建築と建築計画

第2章 建築計画

第3章 製図用具

第4章 図 法

第5章 製図規約

第6章 建築設計・製図

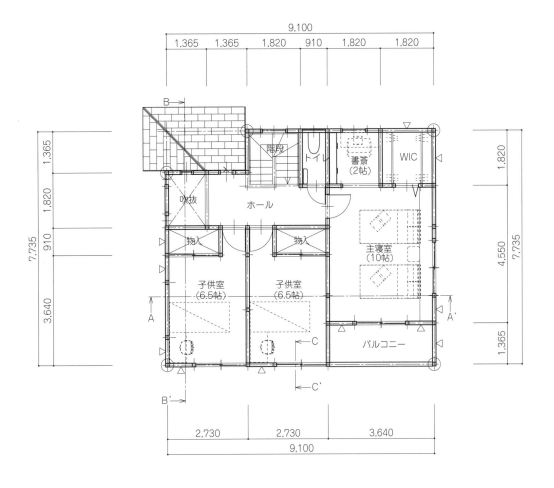

２階平面図　1:100

２階平面図（80％縮小）

プロセス 1　敷地境界線，基準線などを描く

① 　上を北にして，図面の配置を決める。

② 　道路境界線を太い一点鎖線で描く。

③ 　隣地境界線を太い一点鎖線で描く。

④ 　四隅を丸（直径 2 mm）で押さえる。

⑤ 　外壁と内壁の基準線（通り芯）を細い一点鎖線で描く。

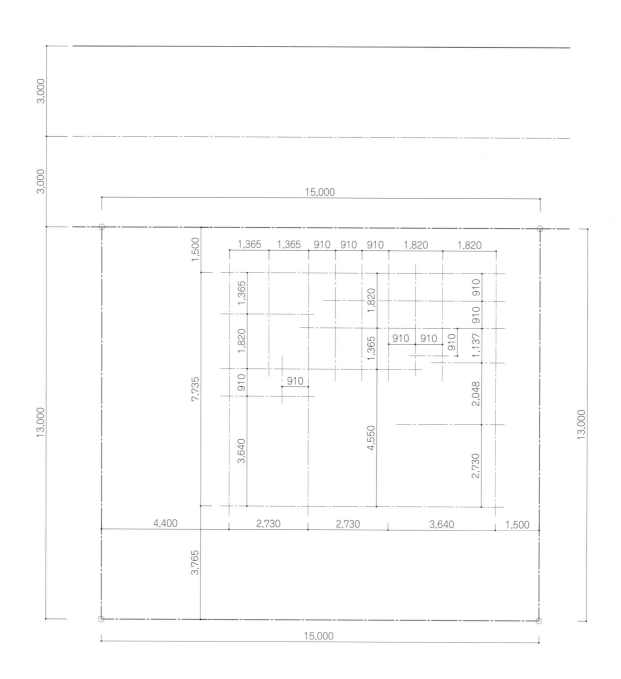

図 6 - 3　配置図兼 1 階平面図の描き方 - 1　（80％縮小）

第1章 建築と建築計画

第2章 建築計画

第3章 製図用具

第4章 図 法

第5章 製図規約

第6章 建築設計・製図

※2階部分も同様に描く。なお、以降の工程の記述は省略する。

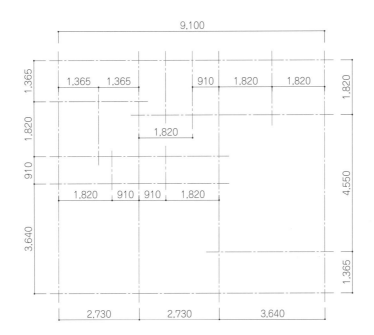

2階平面図（参考）（80％縮小）

プロセス２　柱・壁の下書きを描く

① 壁厚の下書き（基準線から両側に 60mm の位置）を極細線で描く。

② 開口部の柱心を細い一点鎖線で描く。

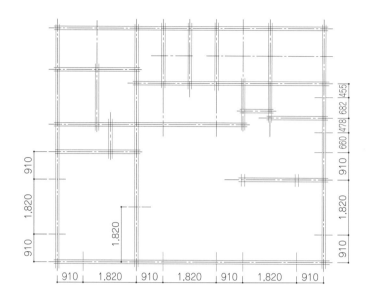

図６−４　配置図兼１階平面図の描き方−２（80％縮小）

プロセス３　柱を描く

① 柱位置を太線で描く。

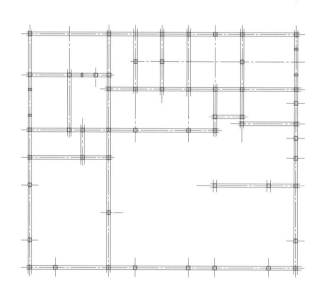

図６−５　配置図兼１階平面図の描き方−３（80％縮小）

プロセス4　開口部・壁を描く

① 開口部の中心線を細線で描く。

② 壁を太線で描く。

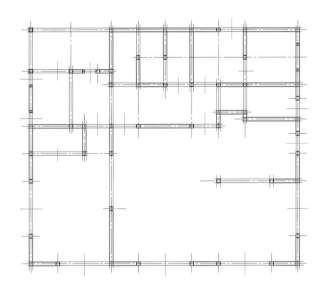

図6−6　配置図兼1階平面図の描き方−4（80％縮小）

プロセス5　建具を描く

① 建具の開口部寸法を決める。

② 建具の断面を太線で描く。

③ 建具の回転軌跡を細線で描く。

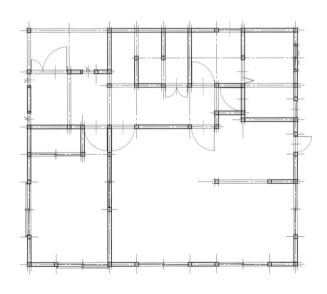

図6−7　配置図兼1階平面図の描き方−5（80％縮小）

第1章　建築と建築計画

第2章　建築計画

第3章　製図用具

第4章　図法

第5章　製図規約

第6章　建築設計・製図

プロセス6 階段を描く

① 階段の踏面（ふみづら）を割り付け，手すりを細線で描く。

② 上がる方向を表す矢線を細線で描く。

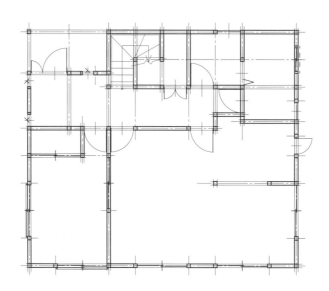

図6-8 配置図兼1階平面図の描き方-6 （80％縮小）

プロセス7 付帯設備・家具を描く

① 水回り等の付帯設備や造り付け家具を中線で描く。

② 移動家具や機器などを破線（中線）で描く。

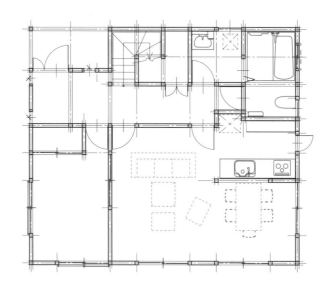

図6-9 配置図兼1階平面図の描き方-7 （80％縮小）

プロセス8　外構・仕上げ目地を描く

① 外構のフェンスを細線で描く。

② 駐車スペース，勝手口ポーチ，南側テラスを中線で描く。

③ 床の仕上げ材，目地のハッチを細線で描く。

④ 2階平面図では，玄関ポーチの庇(ひさし)，窓庇を中線で描く。

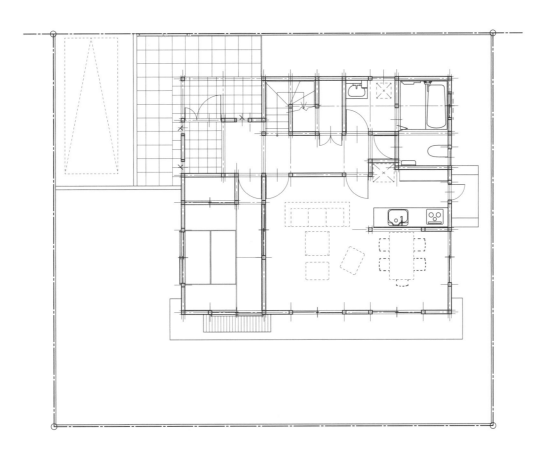

図6－10　配置図兼1階平面図の描き方－8（80％縮小）

第1章　建築と建築計画

第2章　建築計画

第3章　製図用具

第4章　図　法

第5章　製図規約

第6章　建築設計・製図

プロセス9　寸法線などを描く

① 寸法引出線，寸法線を細線で描く。切断線を細い一点鎖線で描く。

② 寸法引出線と寸法線の交点に黒丸を描く。

③ 断面図と矩計図の切断位置を細い一点鎖線で描く。

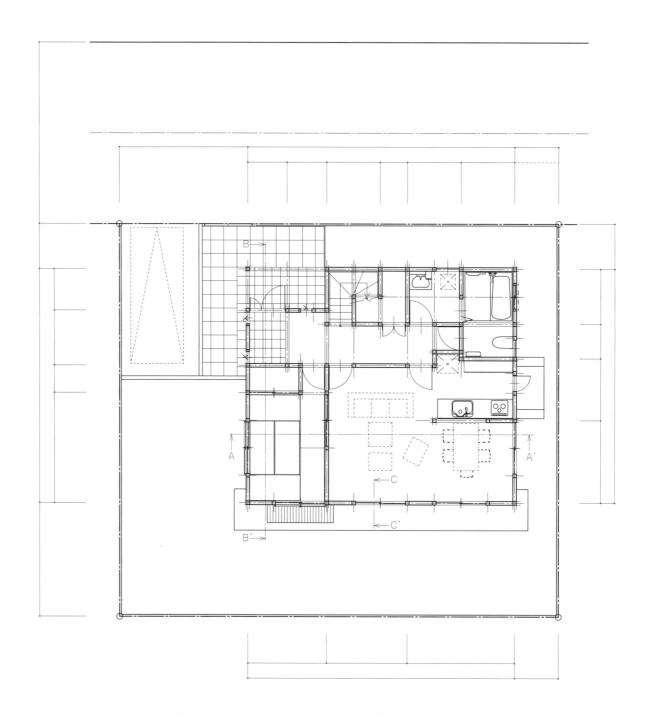

図6－11　配置図兼1階平面図の描き方－9（80％縮小）

プロセス 10　出入口・植栽などを描く

① 通し柱，出入口，換気扇，筋交いの印を描く。

② 植栽等を細線で描く。

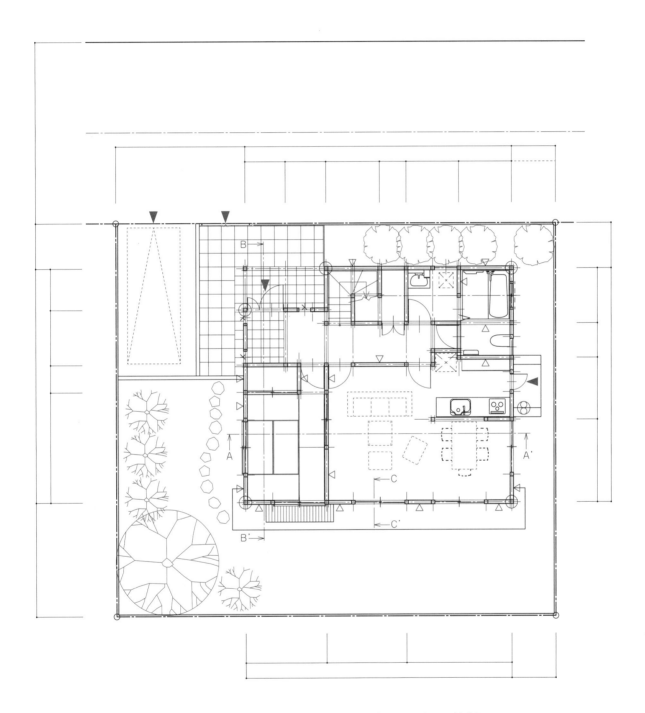

図 6 - 12　配置図兼 1 階平面図の描き方- 10（80％縮小）

第1章　建築と建築計画

第2章　建築計画

第3章　製図用具

第4章　図

法

第5章　製図規約

第6章　建築設計・製図

プロセス 11　寸法・室名・図面名を記入する

① 寸法，室名を記入する。

② 図面名，縮尺，方位などを記入する。

③ 前面道路を記入する。

④ 地形の高低差を記入する。

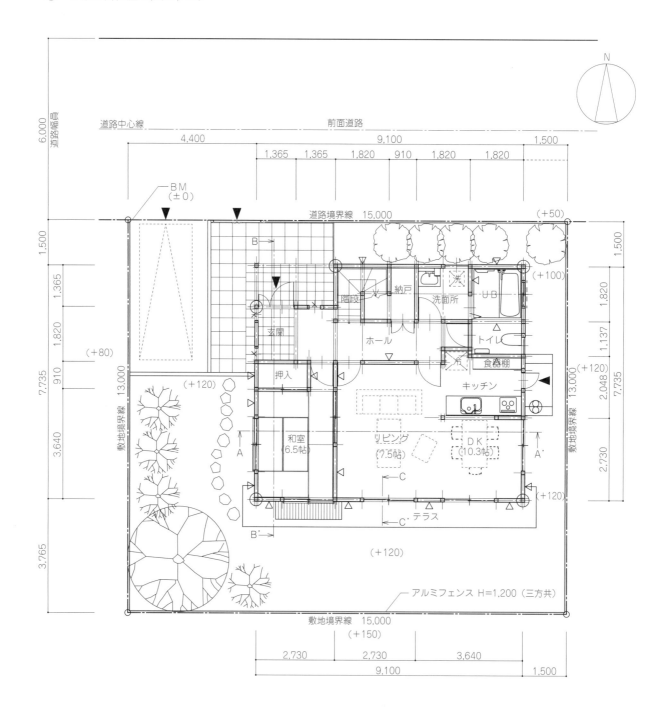

配置図兼 1 階平面図　1:100

図6−13　配置図兼1階平面図の描き方−11（80％縮小）

3.2 立 面 図

　建築物を横から見た投影図を**立面図**という。各面を東西南北の方位によって区別し，それぞれ東側立面図，西側立面図，南側立面図，北側立面図と呼ぶ。

　立面図には，外観上見えるものすべてを描き表すのが原則であり，扉や窓の形状，床下や小屋裏換気口，外壁や屋根の仕上げ材，基準地盤面，建築物の最高高さや軒高（のきだか），屋根の勾配（こうばい），軒（のき）の出（で）などがある。

　立面図の各面を並べて描く場合は，一般的に南面，東面，北面，西面というように，反時計回りに左から右へ並べる。これは南面の右端部と東面の左端部，東面の右端部と北面の左端部というように相接（あいせつ）し，図面を描く上で便利だからである。これらのことを考慮して，紙面上の配置を定める。次に南側立面図の描き方を示す。

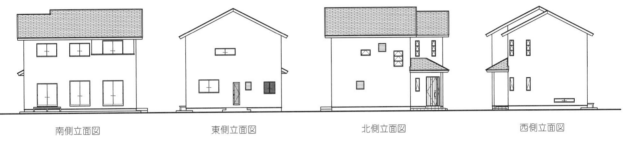

南側立面図　　　　　　東側立面図　　　　　　北側立面図　　　　　　西側立面図

図6−14　各方位から見た立面図

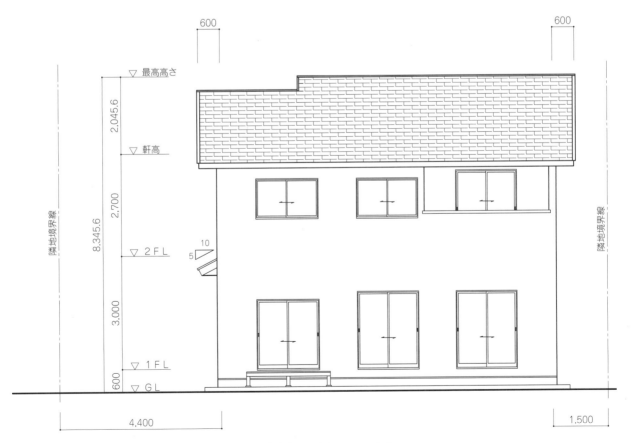

南側立面図　1:100

図6−15　南側立面図

プロセス1　基準線を描く

① 図面の配置を決める。

② ＧＬを太線よりも太い線で描く。

③ 外壁の中心線を細い一点鎖線で描く。

④ 外壁芯上の屋根仕上げ高と軒の出を下書きを極細線で描く。

⑤ 勾配定規をセットして，屋根勾配を下書きを極細線で描く。

　（外壁の中心線と軒高の線との交点を基準とする。なお勾配表示は以降に描く必要はない。）

⑥ 屋根の最高高さの位置を下書きを極細線で描く。

⑦ 鼻隠しの線を下書きを極細線で描く。

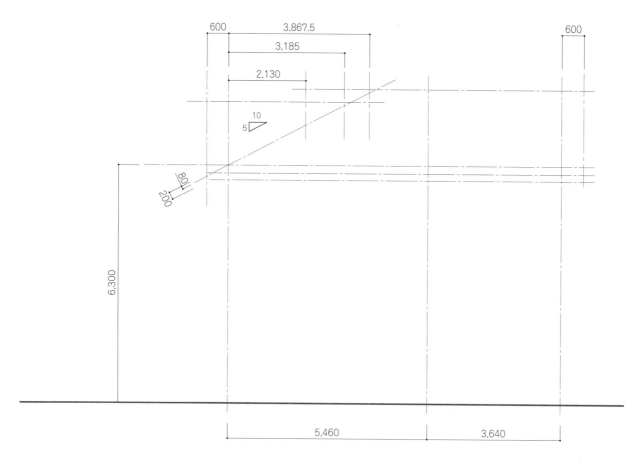

図6－16　南側立面図の描き方－1

プロセス2　屋根・外壁の仕上げ・開口部の下書き

① 屋根の最高高さを太線で描く。

② 軒先と鼻隠しを太線で描く。

③ 外壁線，建物の外郭を太線で描く。

④ 開口部の幅・高さの下書きを極細線で描く

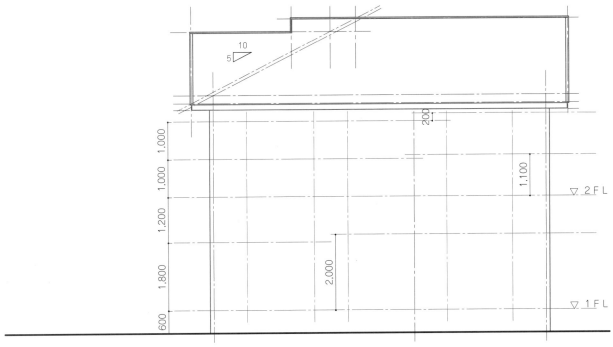

図6－17　南側立面図の描き方－2

プロセス3　建具・床下換気口などを描く

① 建具（窓）を中線で描く。

② 1階窓上の庇を中線で描く。

③ 土台水切やテラスなどを中線で描く。

④ 屋根の仕上げ（ハッチ）を細線で描く。

⑤ 床下換気口を中線で描く。

図6－18　南側立面図の描き方－3

プロセス4　寸法などを記入する

① 　ＧＬの表示（▽マーク含む）などを記入し，隣地境界線を細い一点鎖線で描く。

② 　寸法を記入する。

南側立面図　1:100

図6－19　南側立面図の描き方－4

3.3 断面図

建築物を鉛直に切断し，切断面に対して正投影した図を**断面図**という。断面図に描き表すものには，基準地盤面，軒高，建築物の最高高さ，軒の出，床高，天井高，窓高，内法寸法などがある。

敷地に高低差があったり，建物内部の床面の高低が複雑な場合などには，断面図は建物の概念を理解する上で特に重要である。切断は必ずしも直線でなくてもよく，図示する必要のある箇所を切断すればよい。次に断面図の描き方を示す。

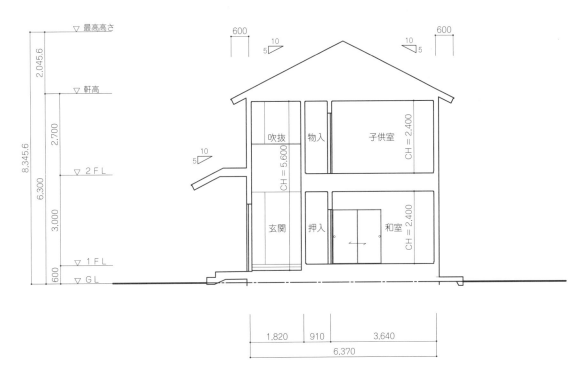

B−B'断面図　1:100

図6−20　断面図（80％縮小）

第1章 建築と建築計画

第2章 建築計画

第3章 製図用具

第4章 図　　法

第5章 製図規約

第6章 建築設計・製図

プロセス1　基準線を描く

① 図面の配置を決める。

② ＧＬを下書き線で描く。

③ 外壁の中心線を細い一点鎖線で描く。

④ １ＦＬ，２ＦＬ，屋根仕上げ高さなどを下書き線で描く。

⑤ 軒の出，庇の出を下書き線で描く。

⑥ 庇の高さを下書き線で描く。

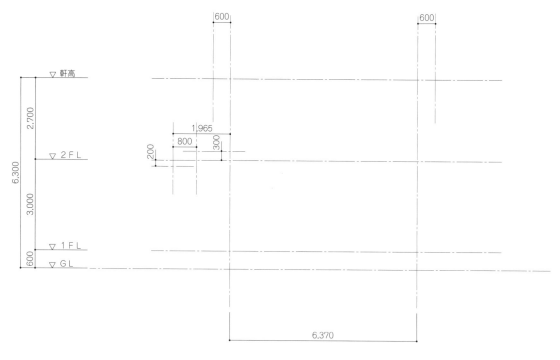

図6－21　断面図の描き方－1　（80％縮小）

プロセス2　屋根・天井・壁・床・建具などの下書きを描く

① 内壁中心線の下書きを極細線で描く。

② 内壁・外壁仕上げ線の下書きを極細線で描く。

③ 屋根の仕上げ線（勾配）の下書きを極細線で描く。

（外壁の中心線と軒高との交点を基準とする）

④ テラス，玄関ポーチの下書き線を極細線で描く。

⑤ 天井高の下書きを極細線で描く。

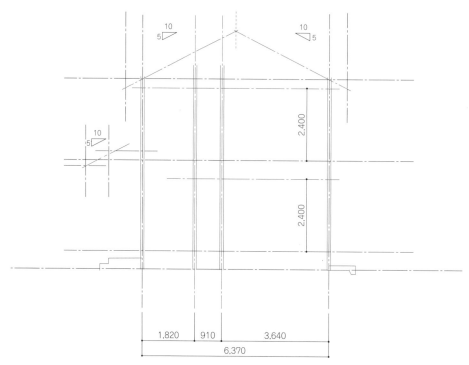

図6－22　断面図の描き方－2　（80％縮小）

プロセス3　屋根・天井・壁・床・建具などの断面を描く

① 下書きした屋根，壁，天井，床などを太線で描く。

② ＧＬを太線よりも太い線で描く（建物内部は一点鎖線）。

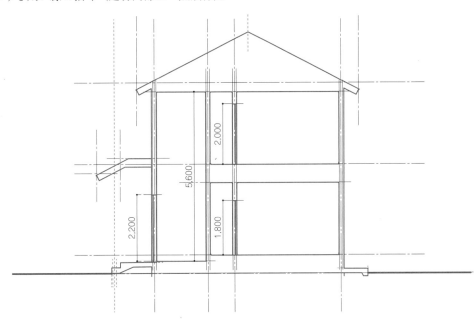

図6－23　断面図の描き方－3（80％縮小）

プロセス4　記号・寸法・室名・図面名を記入する

① 展開を描く。

② 寸法引出線，寸法線を細線で描く。

③ 寸法引出線と寸法線の交点に黒丸を描く。

④ 屋根勾配を記入する。

⑤ GL，1FL，2FL，軒高，最高高さとともに▽マークを記入する。

⑥ 室名を記入する。

⑦ 寸法を記入する（各室天井の寸法についてはＣＨで表示する）。

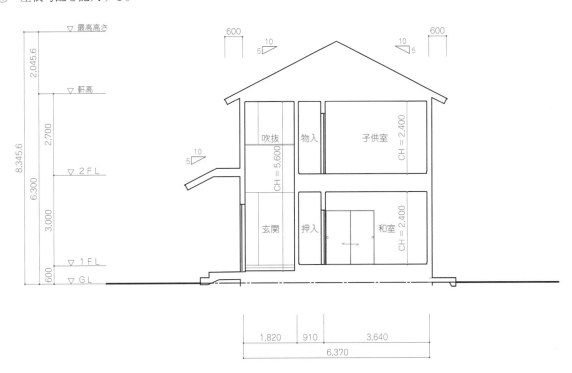

Ｂ－Ｂ'断面図　1:100

図6－24　断面図の描き方－4（80％縮小）

3.4　矩　計　図

　建築物の構造上標準となる部分を縦に切断し，納まりや寸法，部材などを細かく記入した詳細な断面図を**矩計図**という。矩計図に描き表すものには，基礎，床高，天井高，軒高，窓高，内法高，建築物の高さ，軒の出，庇の出，屋根勾配，各部材の名称，材質，断面寸法，仕上げ方法などがある。

　木造建築にあっては，架構や仕上げが比較的複雑でもあり，また比較的小規模なものが多いので，できるだけ全断面を示すように努めるべきである。次に矩計図の描き方を示す。

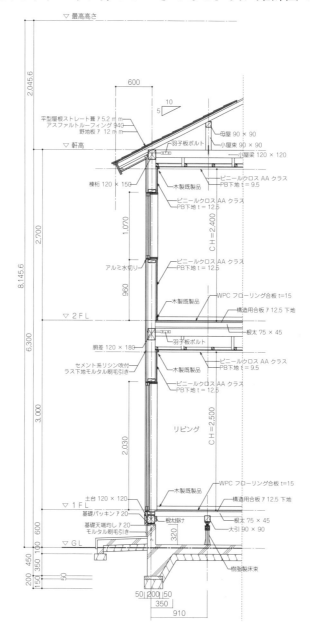

C－C' 矩計図　1:30

図6－25　矩計図（50％縮小）

プロセス1　基準線を描く

①　GLの下書きを極細線で描く。

②　柱の中心線を細い一点鎖線で描く。

③　各高さ（1FL，2FL，軒高，1・2F天井高）の下書きを極細線で描く。

④　床束，母屋などの中心線の下書きを極細線で描く。

⑤　作図範囲の線の下書きを極細線で描く（柱心より 1,000mm 以上の位置とする）。

⑥　屋根勾配の下書きを極細線で描く。

⑦　柱，床束，小屋束の幅の下書きを極細線で描く。

⑧　構造部材（土台，胴差し，軒桁）の断面の下書きを極細線で描く。

⑨　開口部の高さの下書きを極細線で描く。

⑩　基礎幅及び基礎廻りの下書きを極細線で描く。

⑪　軒の出の下書きを極細線で描く。

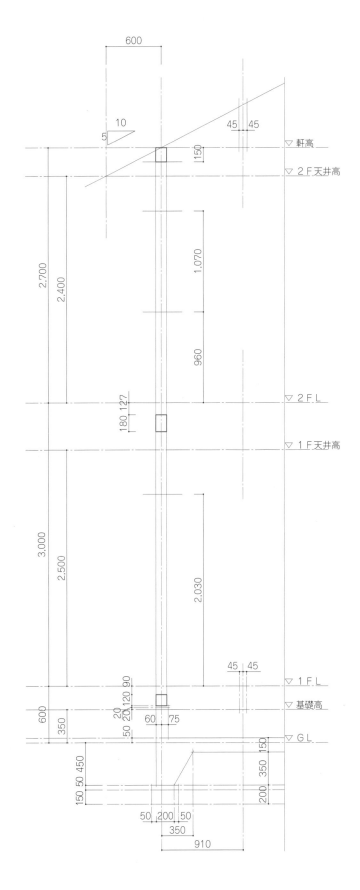

図6－26　矩計図の描き方－1（75％縮小）

第1章　建築と建築計画

第2章　建築計画

第3章　製図用具

第4章　図

法

第5章　製図規約

第6章　建築設計・製図

プロセス2　屋根・天井・壁・床・建具　などの下書きを描く

①　次の部位の下書きを極細線で描く。

- ・1階の床仕上げ厚さ
- ・1階根太の高さ
- ・大引きの高さ
- ・盛土の厚さ
- ・束石
- ・2階の床仕上げ厚さ
- ・2階根太の高さ（下端）
- ・1・2階天井仕上げ厚さ，野縁の高さ
- ・屋根の仕上げ，野地板
- ・窓まぐさ，窓台

②　外壁の仕上げ，内壁下地・仕上げを下書き線で描く。

③　巾木の高さの下書きを極細線で描く。

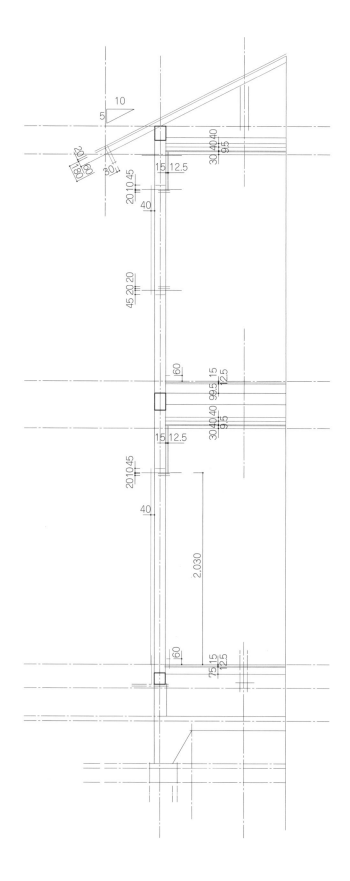

図6－27　矩計図の描き方－2（75％縮小）

プロセス3　各部位の詳細を仕上げる1

① 各部位（基礎廻り，母屋，開口部廻り）の断面を太線で描く。

② 下書き線で描いた柱の見え掛かりを細線で，主要構造部（土台，胴差し，軒桁など）の断面を太線で描く。

③ ＧＬを太線で描く（建物内部は一点鎖線）。

④ サッシ廻りの断面を太線で描く。

⑤ 1・2階の根太の位置を下書き線で入れ，根太の見え掛かり線を中線で描く。

⑥ 1・2階の野縁の位置を下書き線で入れ，野縁の断面を太線で描く。

⑦ 巾木を中線で描く。

⑧ 内壁の下地，仕上げ線を太線で描く。

⑨ 2階の床梁，小屋梁の見え掛かりを中線で描く。

⑩ 床束，小屋束の見え掛かりを中線で描く。

⑪ テラスを下書き線で描き，断面を太線で描く。

⑫ 各部材の断面表示を記入する。

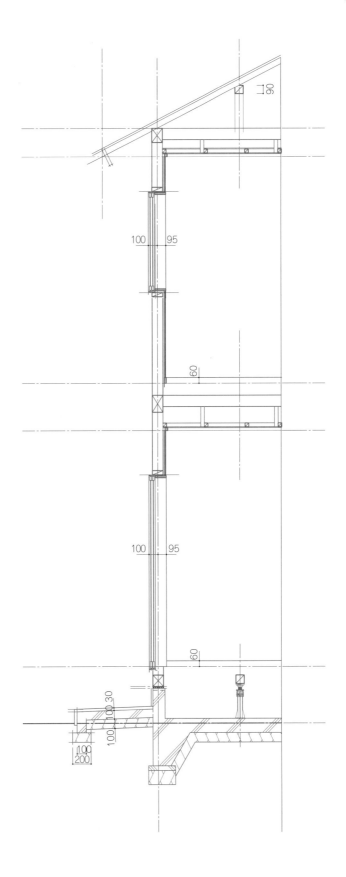

図6-28　矩計図の描き方-3（75％縮小）

プロセス４　各部位の詳細を仕上げる２

① 軒先, 屋根部分の断面を太線で描く。

② 土台部分, 水切の断面を太線で描く。

③ 外壁の仕上げ線を太線で描き, 下地のラ
　スモルタル表示を中線の破線で描く。

④ 金物類を中線で描く。

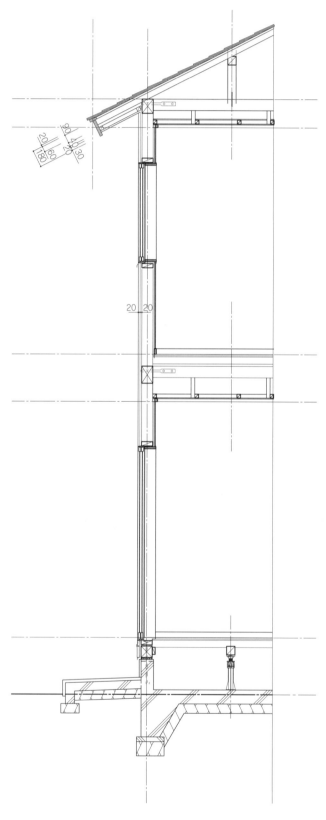

図６－29　矩計図の描き方－４（75％縮小）

プロセス5　記号・寸法・室名・図面を記入する

① 寸法線を細線で描く。

② 仕上げ表示を記入するための引出線を細線で描く。

③ 屋根勾配表示を記入する。

④ GL，1FL，2FL，軒高（▽マーク）を記入する。

⑤ 室名，寸法を記入する。

⑥ 各部の仕上げを記入する。

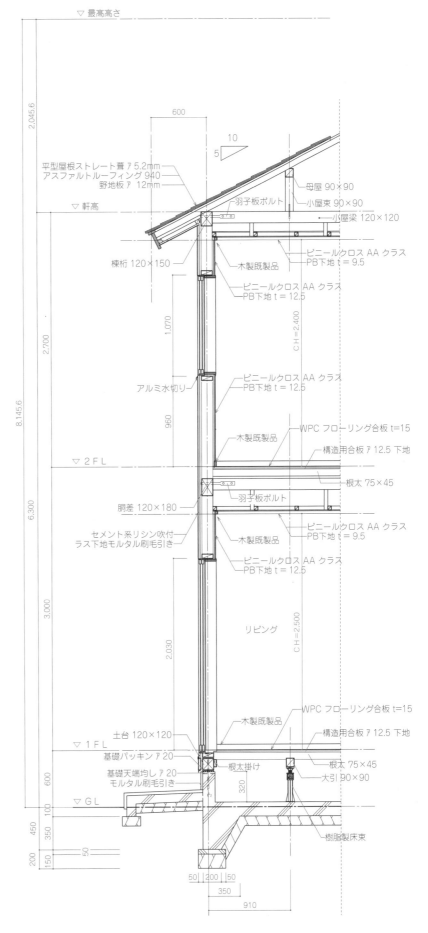

図6−30　矩計図の描き方−4（75％縮小）

3.5　各種詳細図

　詳細図には，一般に間柱の位置や開口部の形状，床や壁の仕上げの種類などの詳細が記載される。

　洗面室，ユニットバス（ＵＢ，浴室）の場合，小さい部屋であるわりに複雑な要素が多く，設備配管などとの関係からも詳細が必要になる。これらは矩計図と同様に，尺度は1／20で描かれることが一般的で，特に示す必要のある場合は1／10，1／5などで詳細図を描くこともある。

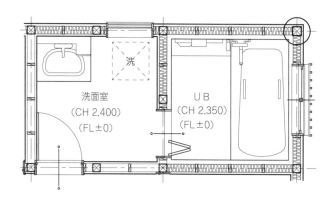

図6－31　詳細図の例

3.6 各種伏図

平面図では示すことのできない構造部材や仕上げを平面図と同じく水平に投影した図面を**伏図**という。伏図には，基礎伏図，土台伏図，床伏図，小屋伏図，天井伏図，屋根伏図がある。

建物に一部平屋建てがある場合は，2階床伏図に平屋部分の小屋伏図を合わせて描く。

（1）基礎伏図

建物の床，床組，土台などを取り去ったときの平面図を**基礎伏図**という。

基礎，束石の位置，床下換気口，アンカーボルトの位置などが描かれる。

基礎は，くい基礎・ベタ基礎・布基礎（ぬのぎそ）などとし，これに独立基礎が併用される。基礎の断面及び位置，独立基礎の大きさなどは建物の荷重，地耐力度など構造的検討をして決定される。

（2）床伏図

床組の構造を表す平面図を**床伏図**といい，2階建てなどの場合は，各階ごとに描かれる。

柱の位置，土台，大引き，根太，根太掛け，火打土台，胴差し，梁，火打梁（ひうちばり）などについて各部材の材種，寸法が示される。根太などにあっては架構間隔なども示される。また，通し柱は，平面表示記号により○印で囲んで示される。

描き方は，各構造材を明確に示すことが目的で，部材の断面などで線を区別して表す。例えば，複線の実線，単線の実線などをそれぞれの部材断面に合わせて用いる。部材断面の種類が多い場合は，記号を用いて寸法を記入したり，線の太さを使い分けるなどの方法を用いる。

これらの部材は，それぞれの負担する荷重と支点間距離，部材間隔によってその材種及び寸法が決定される。

（3）小屋伏図

小屋組の構造を表す平面図を**小屋伏図**といい，桁，小屋梁，頭継ぎ（あたまつな），棟木，火打梁，母屋（もや），垂木（たるき）などで示される。

描き方は，床伏図と同様である。小屋梁として丸太が使用されることが多く，丸太の表し方は，細長台形又は細長三角形などで表される。幅の広いほう，又は三角形の頂点の近いほうが丸太の元口である。

（4）天井伏図

天井伏図は，天井を見上げた図であるが，他の投影図と異なり，上から見透かした，若しくは床上に鏡を置いて映したように描かれる。これは，他の図面と関連して見る場合，間違いを防ぐためである。

天井伏図には，天井の仕上げ材名，塗装などの材料名，施工法，仕上げ材の目地割（めじわり）などを記入する。また，埋込みの照明具，造り付けの家具（つり戸棚など），カーテンレールなども示される。

第1章　建築と建築計画

第2章　建築計画

第3章　製図用具

第4章　図

法

第5章　製図規約

第6章　建築設計・製図

（5）　屋根伏図

　屋根の水平投影図のことを**屋根伏図**という。伏図の中にあっては，天井伏図とともに仕上げ関係を示す図である。2階建ての建物で1階部分に屋根を有する場合は，2階平面図に1階の屋根伏図が描かれる。この場合は，1階屋根伏図とはいわずに，2階平面図と表示されることが多い。

　ここでは，2階床伏図兼1階小屋伏図の描き方を示す。

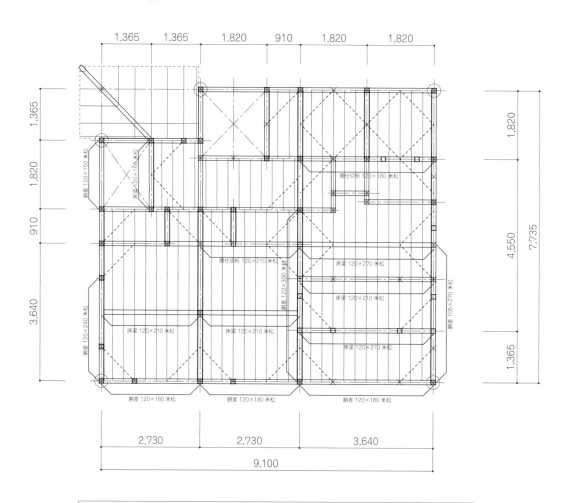

凡例	⊡ 通し柱：120×120	特記ないものは下記による。
	□ 2階管柱：120×120	床ばり、胴差：120×120
	× 1階管柱：120×120	小屋ばり、桁：120×120
	根 太 ： 75×45	火打梁 ： 90×90
	隅 木 ： 90×90	タル木 ： 75×45 @ 455
		※柱以外の部材は全て松とする。

２階床伏図兼１階小屋伏図　1:100

図6－32　2階床伏図兼1階小屋伏図

第1章 建築と建築計画

第2章 建築計画

第3章 製図用具

第4章 図法

第5章 製図規約

第6章 建築設計・製図

プロセス1　基準線を描く

① 　2階の壁の中心線を細い一点鎖線で描く。

② 　1・2階間仕切り壁の中心線を細い一点鎖線で描く。

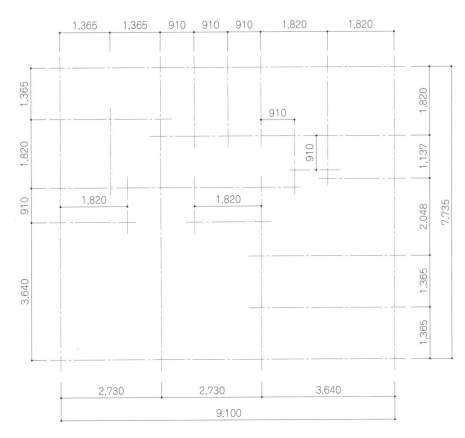

図6－33　2階床伏図兼1階小屋伏図の描き方－1

プロセス2　胴差し・2階梁・柱を描く

①　1階管柱（×印）を細線で描く。

②　胴差しを中線で描く。

③　1・2階の壁や柱を支える梁（幅120mm）を中線で描く。

④　2階の床を支える梁（幅120mm）は室の短手方向を基準とし，1,820mm以内の間隔に中線で描く。

⑤　2階の柱（管柱・通し柱）を太線で描き，通し柱（○印）を細線で描く。

⑥　階段（吹抜を含む）部分を細い一点鎖線で描く。

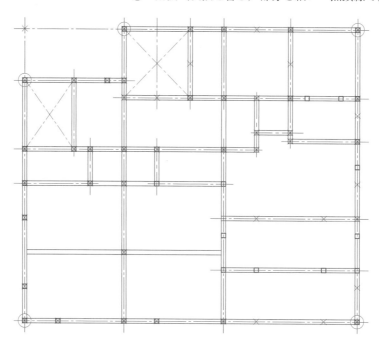

図6－34　2階床伏図兼1階小屋伏図の描き方－2

プロセス3　火打梁・根太・軒の出を描く

①　2階の主要室及び北側水廻り，廊下を数ブロックに分け，四隅に火打梁を中線の破線で描く。

②　根太を細線で描く。

③　軒の出（玄関ポーチの庇）を細い破線で，垂木を細線で描く。

④　特記する梁の記号を細線で描く。（必要のあるもののみ記入）

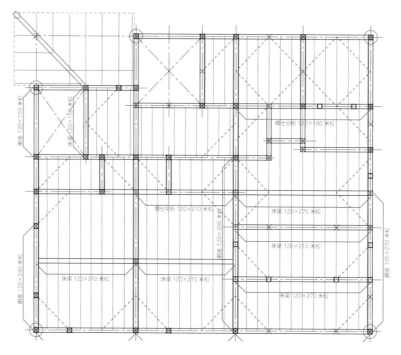

図6－35　2階床伏図兼1階小屋伏図の描き方－3

第1章 建築と建築計画

第2章 建築計画

第3章 製図用具

第4章 図法

第5章 製図規約

第6章 建築設計・製図

プロセス4　寸法などの記入

① 引出線，寸法線を細線で描く。

② 寸法，凡例を記入する。

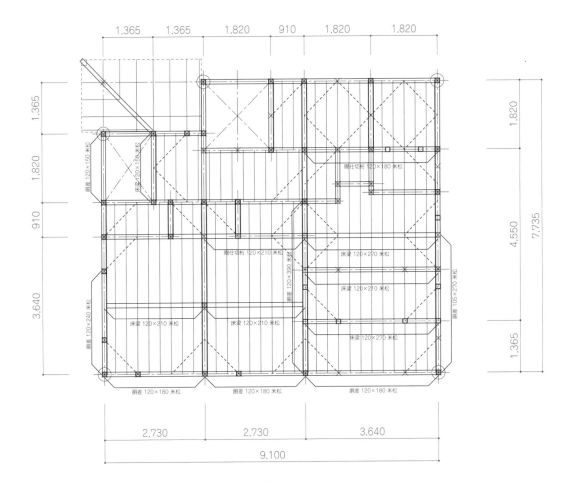

凡例　　▢ 通し柱：120×120　　　特記ないものは下記による。

　　　　□ 2階管柱：120×120　　　床ばり，胴差：120×120

　　　　× 1階管柱：120×120　　　小屋ばり，桁：120×120

　　　　　根　太　：75×45　　　　火 打 梁 ： 90×90

　　　　　隅　木　：90×90　　　　タ ル 木 ： 75×45 @ 455

　　　　　　　　　　　　　　　　　※柱以外の部材は全て松とする。

２階床伏図兼１階小屋伏図　1:100

図6-36　２階床伏図兼１階小屋伏図の描き方-4

3.7 軸 組 図

　壁体構造を垂直投影で示した図面を**軸組図**といい，主要な壁面について描かれる。

　軸組図に示すものは，土台，柱，桁，間柱，筋交いなどの構造材の材種，寸法，間隔などである。材種，寸法などの区別は床伏図に準じてさまざまな線を用いて区別される。

　描き方は，基準線，補助基準線，軒高，柱位置などの補助線を引き，基礎，土台，桁，柱，筋交い，間柱の順で描き，部材寸法や間隔などを書き込む。なお，尺度は１／100，１／50などである。次に軸組図の描き方を示す。

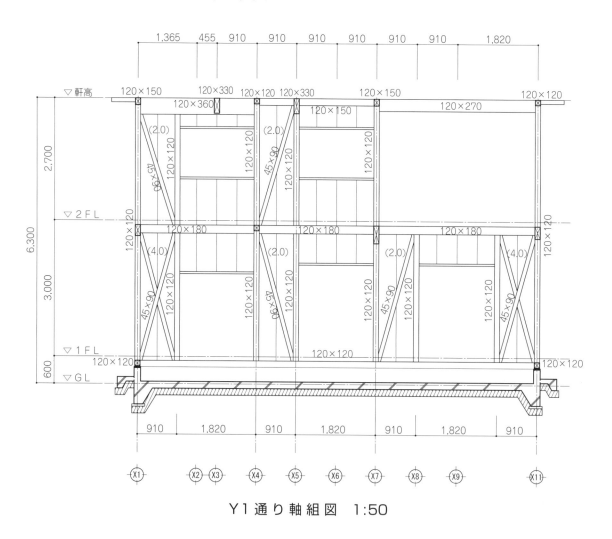

Ｙ１通り軸組図　1:50

図６−37　軸組図の例（60％縮小）

3.8　展　開　図

室内の壁面の状態を垂直投影で示した図面を**展開図**という。

展開図には，室内の見える壁面のすべてを表す。特に壁面の目地，仕上げ及び仕上げ方法，天井・床の仕上げを示す。

尺度は1／50で描かれることが多く，詳しく表現する場合は1／20で描かれることもある。

描き方は，各室ごとに四周の壁面を各壁面ごとに区切って並べる。並べ方は，一般的に立面図のときと逆に，平面上時計回りに，図面の左から右へ順次に並べる。これは，立面図のときと同様の理由からである。

天井と両側壁，床の仕上げ面を断面として描き，これを四方の枠として，その中に壁面の投影図を描く。表現は立面図の表現法に準じ，要所には寸法を記入し，仕上げが複雑な場合には，壁面に仕上げを記入する。

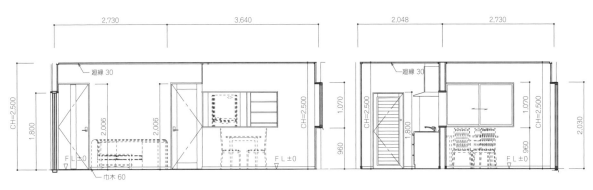

リビング・ＤＫ北面展開図　　　　　　　リビング・ＤＫ東面展開図

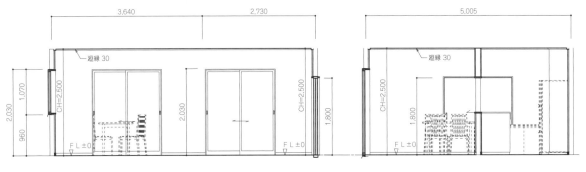

リビング・ＤＫ南面展開図　　　　　　　リビング・ＤＫ西面展開図

ＤＫ・リビング

S＝1:50

図6－38　展開図の例（80％縮小）

3.9 仕上げ表

建物内外の仕上げを一覧表としてまとめたものを**仕上げ表**という。

仕上げ表は，建物の内部と外部に分けられ，仕上げ表の一般的な示し方は，**内部仕上げ表**では各室ごとに，床，巾木，壁，天井の順で，仕上げ材及び工法，塗装などを記す。床から天井などに分類できないものは，備考欄を設けて示す。また，**外部仕上げ表**では，建物の下方から上方へその部分ごとに，仕上げ材及び工法，塗装などを示し，樋，換気扇などの取付け物もすべて示す。次に仕上げ表の例を示す。

表6−3　仕上げ表の例

内部仕上表

部屋名称		床		巾 木		H	壁	
		下 地	仕 上	下 地	仕 上		下 地	仕 上
1F	玄関	タイル下地モルタル	磁器質タイル 300×300	下地モルタル	磁器質タイル 300×300	60	PB下地 T=12.5	ビニールクロス AAクラス
	ホール		WPCフローリング合板 T=15		木製既製品	60	PB下地 T=12.5	ビニールクロス AAクラス
	和室		畳中級品		畳寄せ		PB下地 T=12.5	ジュラクビニールクロス AAクラス
	DK		WPCフローリング合板 T=15		木製既製品	60	PB下地 T=12.5	ビニールクロス AAクラス
	リビング		WPCフローリング合板 T=15		木製既製品	60	PB下地 T=12.5	ビニールクロス AAクラス
	洗面室	ラワン合板 T=12	クッションフロアー T=2.3		木製既製品	60	耐水PB下地 T=12.5	耐水ビニールクロス AAクラス
	UB							
	トイレ	ラワン合板 T=12	クッションフロアー T=2.3		木製既製品	60	耐水PB下地 T=12.5	耐水ビニールクロス AAクラス
	押入		ラワン合板		雑巾摺	15		押入ボード T=9.5
	納戸		WPCフローリング合板 T=15		木製既製品	60	PB下地 T=12.5	ビニールクロス AAクラス
	階段		クリアラッカー仕上 WPCフローリング合板 T=15		木製既製品	60	PB下地 T=12.5	ビニールクロス AAクラス
	ホール				木製既製品	60	PB下地 T=12.5	ビニールクロス AAクラス

外部仕上表

巾 木		水 切	外 壁		外壁腰	
下 地	仕 上		下 地	仕 上	下 地	仕
			ラス下地モルタル刷毛引き	セメント系リシン吹付		
	モルタル刷毛引き	水切	通気胴縁	サイディング横貼		
		ガルバリウム鋼板		こて塗り柄		

3.10　建　具　表

　建物に用いられる建具だけを取り出し，分類整理して表としてまとめたものを**建具表**という。建具の姿図とともに，使用される箇所，数量，種別，材種，寸法，仕上げ，付属金物，ガラスの種類及び厚さなどが記入される。

　姿図は一般的に1／50程度で描かれ，建具の配置を示す図（キープラン）が，1／100，1／200程度で付記される。次に建具表の例を示す。

表6-4　建具表の例

記号・個数	AD 1　　　　　　　　1ヶ所	AD 2　　　　　　　　3ヶ所	SD 1　　　　　　　　1ヶ所
姿　図 及　び 寸　法	1,800 1,650	2,000 1,650	2,330 1,100
部　屋　名	1階和室	1階DK	1階玄関
型　　　式	2枚引違い（外付）	2枚引違い（半外）	片開き親子（半外）
材　　　質	断熱アルミ製	断熱アルミ製	スチール製
見　　　込	70	70	60
仕　　　上	ブラック	ブラック	ホワイト
ガ　ラ　ス	FL5	FL5	
金　　　物	附属金物一式	附属金物一式	シリンダー錠
備　　　考	障子戸つき		

3.11　設　備　図

　電気設備図，給排水衛生設備図などの設備機器等を示した図面を**設備図**という。

　電気設備図には，電灯，スイッチ，コンセント，小型機器設備，電話，テレビ，インターホン，防災，セキュリティー等の設備機器の配置と配線を示す。

　給排水衛生設備図には，給水，給湯，排水，通気，ガス，衛生器具などの設備機器の配置と配管を示す。

表6－5　電気設備図に使われる記号

記　号	名　　称	記　号	名　　称
	受電点（引込口）	2E	壁付コンセント（接地極付）
Wh	電力量計（箱入）	E·WP	壁付コンセント（接地極付,防雨形）
	分電盤	ET	壁付コンセント及び接地極端子
	ペンダント		換気扇（天井付き）
CL	シーリング（天井付）		集合保安器
DL	埋込器具（ダウンライト）		壁付電話用アウトレット（電話端子）
	壁付照明		1端子形テレビ端子
	ケーブル用ジョイントボックス		壁付情報用アウトレット
	タンブラスイッチ		壁付複合アウトレット
	遅延スイッチ	t	インターホン玄関子機
E_D	接地極（D種接地）	t	インターホン室内親機
	壁付コンセント	———	天井隠蔽配線
2	2口コンセント	--------	床下隠蔽配線

第1章 建築と建築計画

第2章 建築計画

第3章 製図用具

第4章 図

法

第5章 製図規約

第6章 建築設計・製図

表6-6　給排水衛生設備図に使われる記号

記　号	名　　称	記　号	名　　称
―――――‐‐‐‐	給水管（上水）	O⊢　O✕	ガス栓
―――――I――――	給湯管（送り）	WHG	ガス給湯器
―――――G――――	ガス管（都市ガス）	□　○	排水桝（一般）
―――――――――	排水管（排水）	公	公共桝
M	量水器	◎	インバート桝
G	ガスメーター	⊠	ため桝
⊗	埋込弁	T	トラップ桝
¤	水栓（水）	♂	管の立体的表示（立上り）
●	水栓（湯）	♂	管の立体的表示（立下り）
◑	水栓（混合）	⅃	90°エルボ
●▲○	シャワー付水栓（水・湯） （水栓，湯栓，シャワーの組合せ）	⊥	チーズ
⊘ ‖	床排水トラップ 床下掃除口		

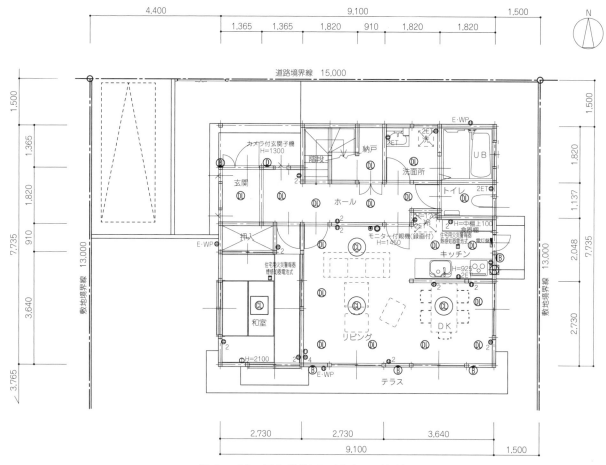

図6-39　電気設備図の例（80％縮小）

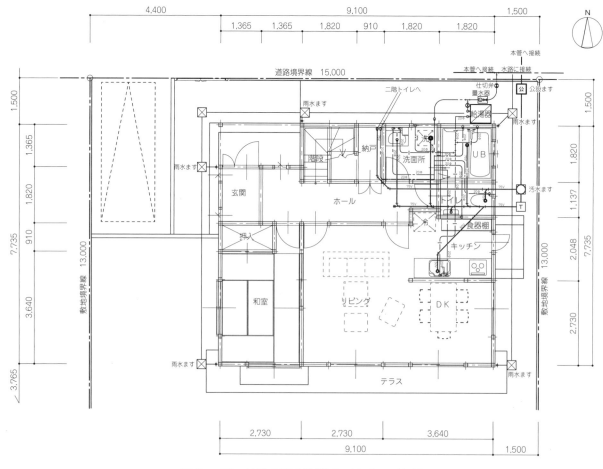

図6-40　給排水衛生設備図の例（80％縮小）

第1章　建築と建築計画

第2章　建築計画

第3章　製図用具

第4章　図

法

第5章　製図規約

第6章　建築設計・製図

第4節　鉄筋コンクリート（RC造）図面

この節では，鉄筋コンクリート造地上3階建，店舗兼用住宅の図面の描き方を示す。

図面の種類は，前節の木造と基本的には同じである。1階平面図，立面図，断面図の描き方のみ掲載し，他の図面は省略する。

4.1　1階平面図（RC造）

鉄筋コンクリート造の平面図は木造の平面図と同様に描くが，壁については鉄筋コンクリート造の壁と，それ以外の壁と違いが分かるように描く。

その他階段やエレベーターシャフト等吹抜け部分の梁形，パイプシャフト（PS）などを描く。

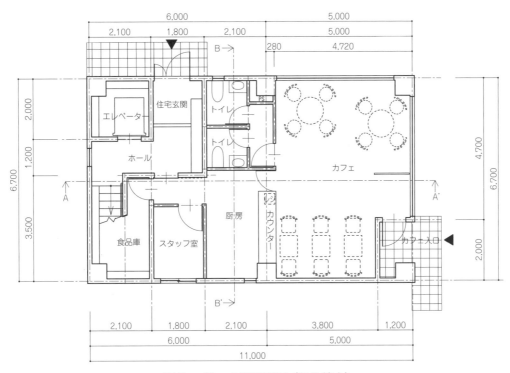

図6−41　1階平面図（80％縮小）

プロセス1　基準線を描く

① 外壁，内壁，柱の中心線を細い一点鎖線で描く。

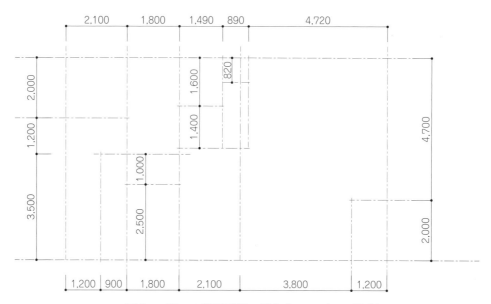

図6－42　1階平面図の描き方－1（80％縮小）

プロセス2　柱・壁の下書きを描く

① 柱（650×650）の下書き（外壁の中心線から外側に75内側に575）を極細線で描く。

② 外壁，階段，エレベーター，住宅とカフェを区画するRC壁150（中心線から両側に75）の下書きを極細線で描く。

③ トイレ，PS，スタッフ室の間仕切り壁90の下書き（中心線から両側に45）を極細線で描く。

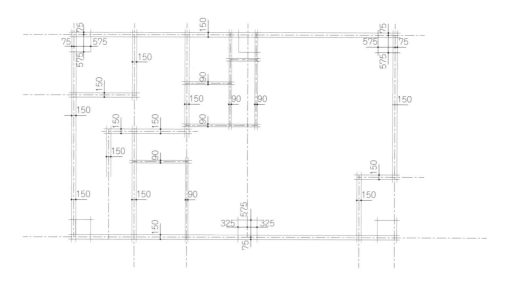

図6－43　1階平面図の描き方－2（80％縮小）

第1章 建築と建築計画

第2章 建築計画

第3章 製図用具

第4章 図 法

第5章 製図規約

第6章 建築設計・製図

プロセス3　開口部の下書きを描く

① 建具の開口部寸法を決め，窓，出入口の下書きを極細線で描く。

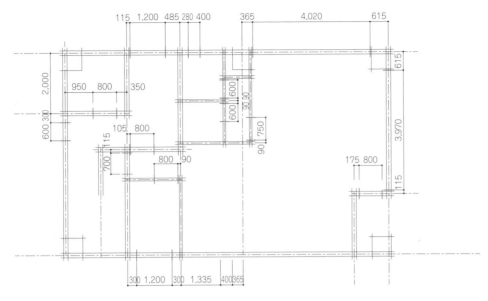

図6-44　1階平面図の描き方-3（80％縮小）

プロセス4　柱，壁を描く

① 柱，ＲＣ造壁，間仕切り壁を太線で描く。

ＲＣ造壁，間仕切り壁どうしは一体で描き，間仕切り壁とＲＣ造壁が接する部分は一体とはせず，縁を切る。

プロセス5　建具を描く

① 建具の断面（引き違い，はめ殺し，その他）を太線で描く。

② 窓枠を太線で描く。

③ 開口部の中心線，開きドアの回転軌跡を細線で描く。

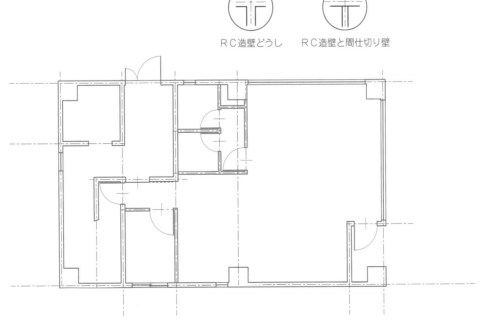

図6-45　1階平面図の描き方-4（80％縮小）

プロセス6 階段，設備，造り付け家具などを描く

① 階段の踏面（幅250）を割付け線，手すり，梁形を中線で描く。

② 上がる方向を表す矢線を細線で描く。

③ トイレ便器，手洗い器，造り付家具のカフェカウンター，カウンタードア，入口のパーテーション，住宅玄関の上り框，下駄箱を中線で描く。

④ エレベーターシャフトの梁形，エレベーターを中線で描く。 ⑤ 置き家具を破線（中線）で描く。

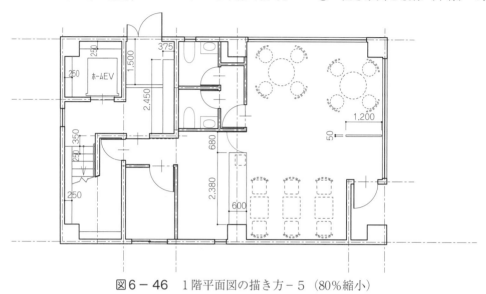

図6－46 1階平面図の描き方－5 （80％縮小）

プロセス7 仕上げ目地を描く

① カフェ入口，住宅玄関部分のタイル目地を細線で描く。

プロセス8 寸法線，室名，図面名を記入する

① 寸法引出線，寸法線を細線で描き，寸法引出線と寸法線の交点に黒丸を描く。

② 出入口の表示を描く。

③ 断面図と矩計図の切断位置を細い一点鎖線で描く。

④ 室名，図面名，縮尺を描く。

図6－47 1階平面図の描き方－6 （80％縮小）

4.2 立面図（RC造）

　鉄筋コンクリート造の立面図は，木造の立面図と同様に描く。

　描き表す項目は，木造の項目以外に，各階のコンクリート打継ぎ目地，3階建以上は非常用進入口に替わる窓などである。

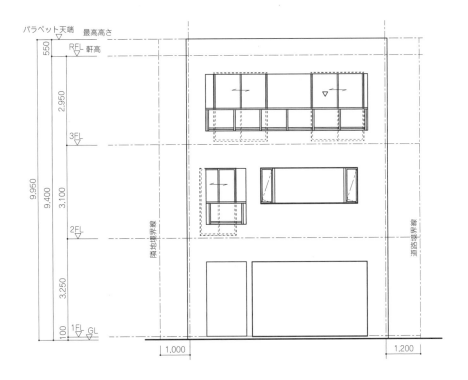

図6－48　立面図（80%縮小）

第1章　建築と建築計画

第2章　建築計画

第3章　製図用具

第4章　図

法

第5章　製図規約

第6章　建築設計・製図

プロセス１

① 図面の配置を決める。

② ＧＬを太線よりも太い線で描く。

③ 高さの基準線，１ＦＬ，２ＦＬ，３ＦＬ，屋上階ＦＬ，パラペット天端を細い一点鎖線で描く。

④ 外壁中心線を細い一点鎖線で描く。

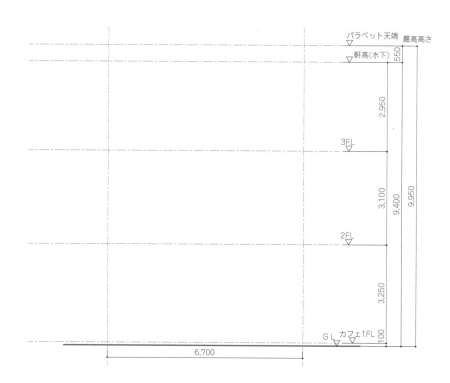

図６－49　立面図の描き方－１（80％縮小）

プロセス２　壁・開口部の下書き

① 両端の中心線から壁の厚さ（75mm）の下書きを外側に極細線で描く。

② バルコニーの手すり立上り壁と梁形，カフェ入口の柱型，下がり壁の姿の下書きを極細線で描く。

③ 手すりの支柱50角＠900，笠木厚さ50，下桟厚さ50の下書きを極細線で描く。

第1章 建築と建築計画

第2章 建築計画

第3章 製図用具

第4章 図

法

第5章 製図規約

第6章 建築設計・製図

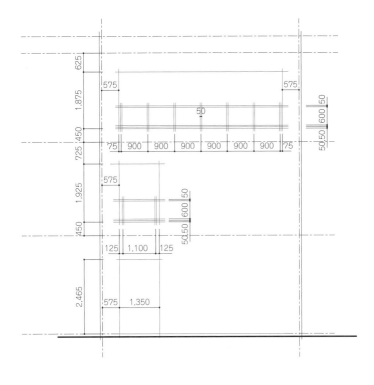

図6−50 立面図の描き方−2 （80％縮小）

プロセス3

① 外壁，パラペット天端，バルコニーの手すり壁と梁形，カフェ入口の柱型，下がり壁の姿を太線で描く。

② 手すりの支柱，笠木，下桟を中線で描く。

③ 開口部の内法巾と内法高さの下書きを極細線で描く。

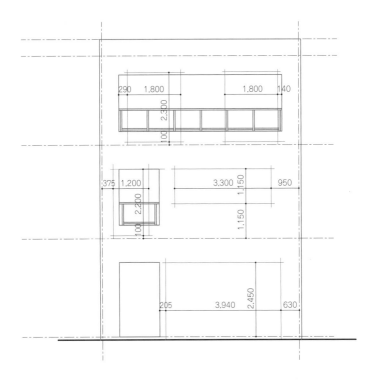

図6−51 立面図の描き方−3 （80％縮小）

プロセス4　建具を描く

① 建具（窓）を中線で描く。ただし，バルコニーの手すりで隠れる部分（点線部分）は描かない。

プロセス5　寸法などを記入する

① ＧＬ，１ＦＬ，２ＦＬ，３ＦＬ，ＲＦＬ，軒高，最高高さとともに▽マークを記入する。

② 寸法を記入する。

③ 窓の開閉記号，非常用進入口に替わる窓のマーク（▽）を記入する。

④ 道路境界線，隣地境界線を細い一点鎖線で描く。

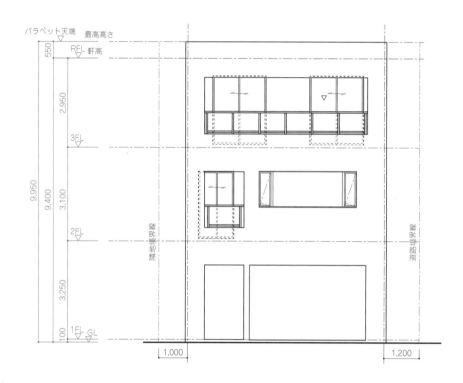

図6－52　立面図の描き方－4（80％縮小）

4.3 断面図（RC造）

鉄筋コンクリート造の断面図は，木造の 断面図と同様に描く。

描き表す項目は，木造の項目以外に，梁形，床スラブ，パラペット，基礎などである。

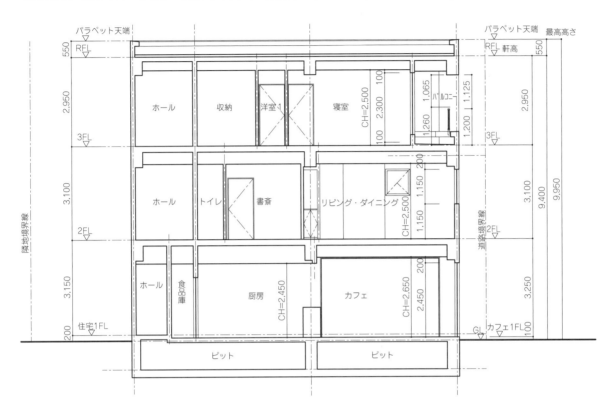

図6－53　断面図（80％縮小）

第1章　建築と建築計画

第2章　建築計画

第3章　製図用具

第4章　図

法

第5章　製図規約

第6章　建築設計・製図

プロセス1　基準線を描く

①　図面の配置を決める。

②　地盤面（GL）のを細い一点鎖線で描く。

③　高さの基準線，１FL，２FL，３FL，屋上階FL，パラペット天端，３Fバルコニー床，基礎耐圧盤上端を細い一点鎖線で描く。

④　外壁，内壁，柱の中心線を細い一点鎖線で描く。

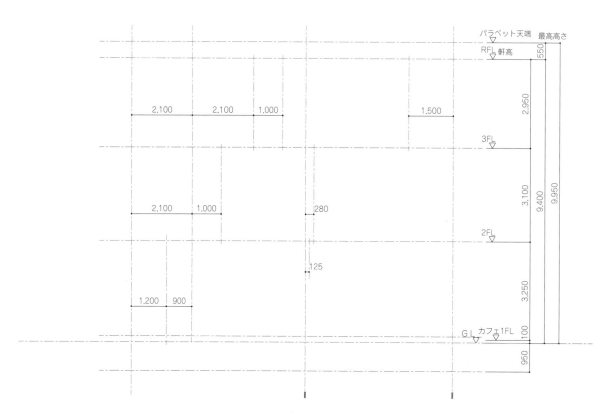

図6－54　断面図の描き方－1（80％縮小）

プロセス2　壁・床・天井の下書きを描く

①　外壁，内壁のRC造の下書き（中心線から両側に75）を極細線で描く。

②　内壁の間仕切り壁の下書き（中心線から両側に45）を極細線で描く。

③　床の下書き（各階の仕上げ線から150）を極細線で描く。

④　梁形の下書きを極細線で描く。

⑤　天井高の下書きを極細線で描く。

⑥　屋上防水仕上げの下書きを極細線で描く。

⑦　１階カフェのカウンター断面の下書きを極細線で描く。

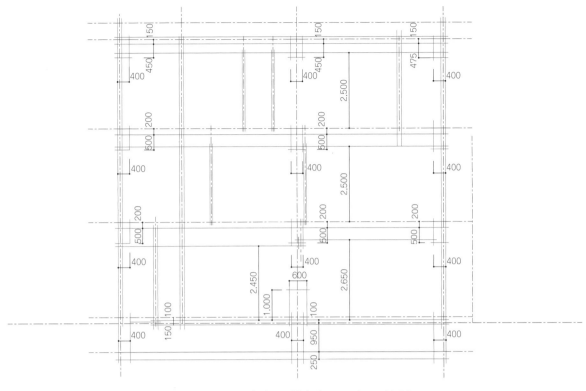

図6－55　断面図の描き方－2（80％縮小）

プロセス3　パラペット，バルコニー，開口部の下書きを描く

① パラペット断面の下書きを極細線で描く（矩計図参照）。

② バルコニーの床部分の下書きを極細線で描く（矩計図参照）。

③ バルコニー手摺の下書きを極細線で描く（矩計図参照）。

④ 外壁の開口部サッシ（1階床からFL+2,450，2階腰高1,150高さ1,150，3階腰高350高さ2,050）の高さの下書きを極細線で描く。

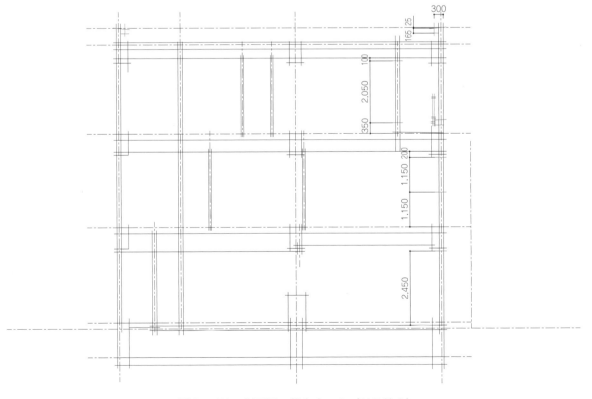

図6－56　断面図の描き方－3（80％縮小）

第1章　建築と建築計画

第2章　建築計画

第3章　製図用具

第4章　図　法

第5章　製図規約

第6章　建築設計・製図

プロセス4　屋根・天井・壁・床・建具，1階カフェカウンターなどの断面を描く

① 屋根・天井・壁・床，パラペットなどを極太線で描く。

② 建具断面を太線で描き，建具枠を中線で描く。

③ ＧＬを太線より太い線で描く（建物内部は細い一点鎖線）。

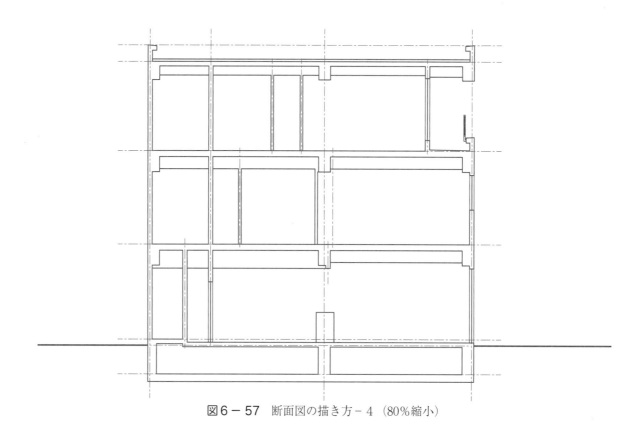

図6－57　断面図の描き方－4（80％縮小）

プロセス5　壁面の姿を描く

① パラペット，バルコニーの姿として見える線を中線で描く。

② 柱や壁の姿として見える線を中線で描く。

③ 建具の姿として見える線を中線で，開き勝手を細い一点鎖線で描く。

第1章 建築と建築計画

第2章 建築計画

第3章 製図用具

第4章 図

法

第5章 製図規約

第6章 建築設計・製図

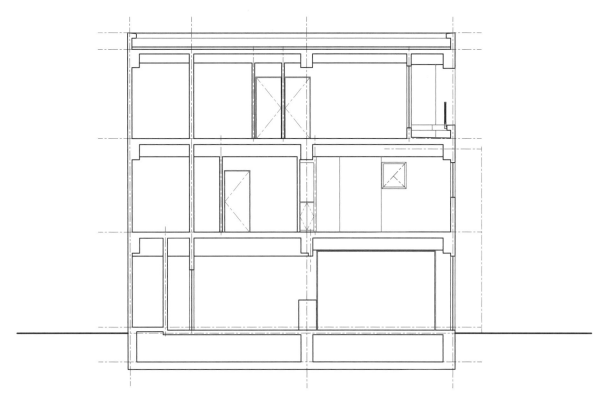

図6-58 断面図の描き方-5（80%縮小）

プロセス6　記号・寸法・室名・図面名を記入する

① 寸法引出線，寸法線を細線で描き，寸法引出線と寸法線の交点に黒丸を描く。

② GL，1FL，2FL，3FL，RFL，軒高，最高高さとともに▽マークを記入する。

③ 室名，図面名，縮尺を描く。

④ 隣地境界線と道路境界線を細い一点鎖線で描く。

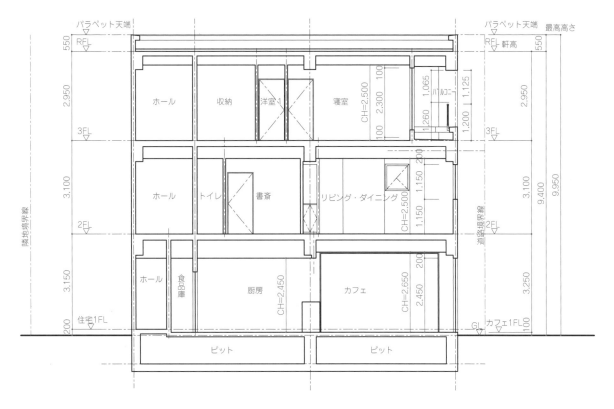

図6-59 断面図の描き方-6（80%縮小）

第6章 **学習のまとめ**

　この章では，各種図面の作成プロセスに従って，実際に手描きで図面を描くことを学んだ。

　ここで述べた描き方がすべてではないが，基本的なことは網羅しているので，これらを参考にしながら独自の作成方法を確立していけばよい。

練習問題

次の空欄に適切な語句を入れなさい。

① 意匠図，構造図，設備図に分類され，建物を施工する際に仕様書とともに用いられる図面を（　　）という。

② 敷地内の建築物の位置を示す図面を（　　）という。

③ 外観上見えるものをすべて描き表した，建物を横から見た投影図を（　　）という。

以下の文章が正しい場合は○，間違っている場合には×をつけなさい。

① 平面図とは，建物を鉛直に切断し，切断面に対して正投影した図面である。

② 矩計図とは，建築物の構造上標準となる部分を縦に切断し，納まりや寸法，部材などを細かく記入した断面図の詳細である。

建築・住宅	■計画調書－1

打合せ日	令和　年　月　日（　） 　　時　分～　　時　分	打合せ場所	
打合せ者	計画者－－－－－－－－－－－－－－－－－－－－ 依頼者	確認・特記	

■FACE SEET

依頼者： 注文者：	計画名： 分　類：
家族構成：	
住　所： 連絡先：	E-mail： 携帯電話：
勤務先： 連絡先：	E-mail： FAX：

■CHECK

計画の理由				
依頼者計画		自己作成間取り：　有・無（　　　　　　　） 参考事例：　有・無（　　　　　　　）		
来所のきっかけ	1.知人等の紹介　　2.広告を見て　　3.作品を見て 4.その他：			
工　　費	総額： （予備費：　　　　　）	目安	－－－－－－－－－－坪 ㎡	資金計画	自己資金－－－－－－－－ ローン等
規　　模	－－－－－－－－－－－坪 ㎡	特記事項	
敷　　地	所在地	敷地面積	－－－－－－－－坪 ㎡	測量図：有・無（　　　　）
構　　造	1.木造　　2.RC　　3.L.G.S　　4.S　　5.B 6.その他	見取図
設　　備	1.完全冷暖房　2.暖房のみ･部分冷房　3.局所暖房等 4.無し　5.その他	
工事範囲	1.建物本体　2.設備　3.家具　4.造園 5.その他（自己調達･持込家具等）	
工事期間又は 竣工希望時期	令和　　年　　月～　　年　　月 （引渡時期）保険　固定資産税　水道光熱費負担等	
設計範囲	1.基本　2.実施　3.管理　4.家具　5.造園 6.その他	
業者指定	有・無 （業者名：　　　　　　連絡先：　　　　　）	
特記事項		敷地略図

建築・住宅	■計画調書－2		
打合せ日	令和　年　月　日（　） 　　時　分〜　　時　分	打合せ場所	
打合せ者	計画者：_____ 依頼者：_____	確認・特記	

■FAMILY

夫： （年齢　　歳）	[勤務内容]職種等：_____　　年収：_____円 [趣　味]
妻： （年齢　　歳）	[勤務内容]職種等：_____　　年収：_____円 [趣　味]
子供：_____人 今後の予定：	[男子]　1._____歳、　2._____歳、　3._____歳（　　　　　　　　　　　　） [女子]　1._____歳、　2._____歳、　3._____歳（　　　　　　　　　　　　）
その他家族 　有　　無	[高齢者]有　無（世帯主との関係：_____　年齢：_____歳）その他： [使用人]有　無（1.同居　2.通い）その他：

■CHECK

夫の生活	[仕事について]　勤務時間： 　　　　　　　　　帰宅時間： 　　　　　　　　　家で仕事をするか：する・しない
	[帰宅後の生活]　帰宅後は何をしているか： 　　　　　　　　　在宅時の服装：
	[休日の生活]　休日は何をして過ごしているか
	[飲酒について]　□晩酌：する　　しない 　　　　　　　　□お酒の種類（　　　　　　　　　）　□場所：1.自宅　2.お店　3.ほか（　　　　　）
妻の生活 （専業主婦の場合）	家事は好きか
	料理は得意か
	子供の面倒は
	趣味はなにか
	外出は多いほうか
子供の生活	1日のスケジュールは
	家での過ごしかた
	親の希望
	将来想定（別に居を構えるか等）
特記事項	

調 査 日	令和　　年　　月　　日（　　） 時　　分～　　時　　分	打合せ場所	
立 会 人	調査員：＿＿＿＿＿＿＿＿＿＿＿＿＿＿ 依頼者：＿＿＿＿＿＿＿＿＿＿＿＿＿＿	確認・特記	

■敷　地

所 在 地	
交通・最寄駅	JR・私鉄（1.　　線　　　駅、2.　　線　　　駅）徒歩・バス・車・その他交通手段　　　分
面　積	□ ＿＿＿＿＿m²（ ＿＿＿＿＿坪） □勾　配：有　無（　　　　　）□境界石：有　無（　　　　　）□地目：宅地・農地・山林（　　　　　） □測量図：有　無（　　　　　）□ボーリング調査の判断（　　　　　　　　　　）
道　路 （公道・私道）	□前面道路：＿＿＿＿＿m　□側面道路：＿＿＿＿＿m □計画道路：有　無（　　　　　）□その他： □舗　装：有　無（　　　　　）□側　溝：有　無（　　　　　）□敷地との高さ関係：
周辺状況 （将来予測等）	

■法規関係

指　定	用途地域	□（第1種・第2種）低層住居専用　□（第1種・第2種）中高層住居専用　□（第1種・第2種）住居地域 □準住居　近隣商業　商業　準工業　工業　工業専用 □建ぺい率：＿＿＿＿＿%　　□角地等：＿＿＿＿＿%　　□容積率：＿＿＿＿＿%
		□高度＿＿＿＿＿種 □風致：有　無（　　　　　）□準防火　防火　無指定　その他（　　　　　　　　　　） □市街化区域　　市街化調整区域
		□地区計画　建築協定　壁面後退（民法上の壁面後退：　　　　　　　　　　） □その他：

■敷地現況関係

敷地現況	□既存建物：有　無（　　　　　　）□地下埋設物：有　無（　　　　　） □塀：有　無（　　　　　）□樹木：有　無（　　　　　）□その他：
都市設備	［電気］□電気引込方向：＿＿＿＿＿　　□電柱位置（新設柱）：＿＿＿＿＿　　□動力： ［ガス］□種類：都市ガス　プロパンガス（ボンベ・共同配管） ［水道］□上水：市水　井戸　河川　市埋設道路 　　　　□下水：有　無（　　　　　　）□排水：汚水　雑排　□側溝：有　無 　　　　□汚水處：浄化槽（浸透　放流（同意の要・不要））合流式　その他（　　　　）

■環境関係

通　風	□夏季 □冬季
日　照	
騒 音 等	
隣接建物等	
特 記 事 項	

第1章

① ○（P. 2）

② ×設計条件等を整理・構築すること（P. 3）

③ ×計画段階での検討をもとに，主要構造材や構造方式，設備方式などの決定を含め基本設計図が作成される。なお，使用材料や仕上げの検討もこの段階での作業である（P. 4）

第2章

① 寝食分離（食寝分離でもよい）（P. 8）

② ゾーニング（P.28）

① ○（P.13）

② ×十分な独立性をもち，静かで安心できる空間であることが必要である。独立性を増すためには，遮音・防音に配慮し，太陽光と視線を遮断できるよう工夫しなければならない（P.38）

③ ×建築の計画に当たっては，住む人が，どのようなすまいを得たいと考えているかを詳しく調査，理解する必要がある。建築主の要求及び住宅として備えるべき一般的条件をもとに，設計者は建築主と話し合い共通の目標をつくる（P.20）

第3章

① 勾配定規，雲形定規（P.44）

② 1／100，1／600（P.45）

③ 2B，3H（P.46）

④ CAD（P.48）

⑤ 姿勢，照明と目の健康，清潔さの保持（P.49〜50）

第4章

① 平面上（P.54）

② 平行投影法，透視投影法（P.54 図4−11）

① ○（P.54）

② ○（P.56）

③ ×（P.54 図4−11）

第5章

① mm（ミリメートル）（P.66）

② 北方向（P.68）

① ○（P.66 表5−5）

② ×表題欄は，図面右下に設ける（P.68）

第6章

① 実施設計図（P.71）

② 配置図（P.73）

③ 立面図（P.85）

① ×床上1.5m程度のところで水平に切断したときの水平面の投影図のことをいう（P.73）

② ○（P.92）

索 引

図・表出典リスト

第1章

図1－3　初めての建築計画　学芸出版社

第2章

図2－1　住宅の計画学入門　鹿島出版会

図2－8　インテリアの計画と設計　第二版　彰国社

図2－9　インテリアの計画と設計　第二版　彰国社

図2－10　建築・室内・人間工学　鹿島出版会

図2－21　初めての建築計画　学芸出版社

図2－22　住環境の計画2　住宅を計画する　第二版　彰国社

図2－28　世界で一番くわしい住宅用植栽　最新版　エクスナレッジ

図2－29　世界で一番くわしい住宅用植栽　最新版　エクスナレッジ

図2－36　改訂キッチンスペシャリストハンドブック　インテリア産業協会

図2－37　改訂キッチンスペシャリストハンドブック　インテリア産業協会

参考文献

いちばんやさしい建築基準法　新星出版社

委員一覧

平成59年3月
　＜作成委員＞
　　加藤　　清一　　職業訓練大学校

平成6年3月
　＜監修委員＞
　　松留　慎一郎　　職業能力開発大学校
　＜改定執筆委員＞
　　糸井　　孝雄　　職業能力開発大学校
　　谷口　　雄治　　日本労働研究機構

平成13年3月
　＜改定委員＞
　　糸井　　孝雄　　職業能力開発総合大学校
　　越部　　　毅　　職業能力開発総合大学校

平成26年3月
　＜監修委員＞
　　種村　　俊昭　　職業能力開発総合大学校
　　和田　　浩一　　職業能力開発総合大学校
　＜改定執筆委員＞
　　登坂　　弾行　　岐阜県立国際たくみアカデミー
　　　　　　　　　　職業能力開発短期大学校
　　成田　　　茂　　福岡県立久留米高等技術専門校
　＜図面作成＞
　　福井コンピュータアーキテクト株式会社

（委員名は五十音順，所属は執筆当時のものです）

厚 生 労 働 省 認 定 教 材	
認 定 番 号	第59234号
認 定 年 月 日	昭和58年5月30日
改定承認年月日	令和5年1月25日
訓 練 の 種 類	普通職業訓練
訓 練 課 程 名	普通課程

建築IV
－建築計画・製図編－　　　　　　　　　　　　　　　　　　　　　　　　©

昭和59年3月10日　初 版 発 行
平成6年3月15日　改訂版発行
平成13年3月15日　三訂版発行
平成26年3月20日　四訂版発行
令和5年3月20日　五訂版発行
令和6年3月20日　2 刷 発 行

　　　　　編集者　独立行政法人 高齢・障害・求職者雇用支援機構
　　　　　　　　　職業能力開発総合大学校基盤整備センター
　　　　　発行者　一般財団法人 職業訓練教材研究会

　　　　　　　　　　　　　　　　〒162-0052
　　　　　　　　　　　　　　　　東京都新宿区戸山1丁目15-10
　　　　　　　　　　　　　　　　電 話　03（3203）6235
　　　　　　　　　　　　　　　　FAX　03（3204）4724

五 訂
建 築〔Ⅳ〕
【付　図】

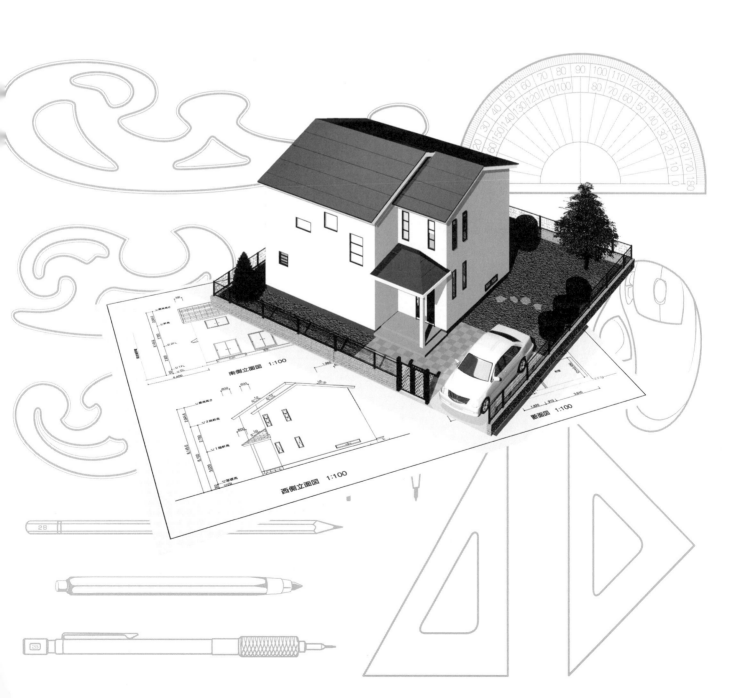

付図リスト

図面番号		図　名	尺度	紙面規格
1	木造	敷地面積算定図、付近見取図、面積表	1／100	A3
2		配置図兼1階平面図・2階平面図	1／100	A3
3		立面図（南側・西側）、断面図	1／100	A3
4		矩計図	1／30	A3
5		1階平面詳細図	1／50	A3
6		2階平面詳細図	1／50	A3
7		展開図	1／50	A3
8		基礎伏図	1／50	A3
9		1階床伏図	1／50	A3
10		2階床伏図兼1階小屋伏図	1／50	A3
11		小屋伏図	1／50	A3
12		軸組図	1／100	A3
13		パース図（外観・内観）		A3
14	鉄筋コンクリート造	配置図、各階平面図	1／100	A3
15		立面図（南側・東側）、断面図	1／100	A3
16		矩計図	1／50	A3

●鉄筋コンクリート造（ＲＣ造）

各階平面図

断面図・立面図

●鉄骨造（Ｓ造）

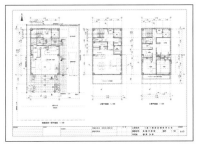

各階平面図

断面図・立面図

イメージ図

木造　外観

ＲＣ造　外観

Ｓ造　外観

木造　内観
（店舗部分）

木造　内観
（一般部分）

ＲＣ造　内観
（一般部分）

ダウンロード URL：https://www.kyouzaiken.or.jp/kenchikuseizu_zumen.php

はじめに ▶▶▶

　ものをつくろうとするとき，あらかじめ目的とイメージをもってこれにあたる。図面にはイメージを定着させ，練り上げるために描かれる図面と，ものを製作するために描かれる図面がある。

　このものを製作するために，創作者の意思が製作者に迅速かつ正確に伝わるよう描き表すことを**製図**という。製図には建築製図，機械製図，電気製図，土木製図，被服製図などがあり，目的や用途によって製図法が異なる。その規格は **JIS**（日本産業規格）や **ISO**（国際標準化機構）によって定められている。

　建築製図の方法は大きく2種類あり，「手描きによる」方法と，「コンピュータ（CAD）による」方法がある。

　この教科書では，建築製図（製図用具の使い方，図面の描き方，規格に基づいた表現の仕方，図面の種類と読み方，建築製図の描き方）について学ぶ。

第1章 　製図用具と使い方

　この章では，主に「手描きによる」方法における建築製図に用いられる用紙の種類，製図用具の種類と使い方について学ぶ。

第1節　製図用紙

　建築図面の内容や目的によって用いる製図用紙は異なる。ここでは，建築製図で一般的に用いられている用紙について述べる。

（1）トレーシングペーパー

　トレーシングペーパーは，半透明の用紙で，トレペと略称され，鉛筆描き製図と墨入れ（インク描き）製図に利用することができる。トレーシングペーパーは紙厚により，薄口，中厚口，厚口などの種類がある。以前は，トレーシングペーパーに描いた図面（原図）を青焼き印刷していたが，最近はあまり使われない。

（2）ケント紙

　ケント紙は，鉛筆描き製図と墨入れ（インク描き）製図に用いる用紙で，トレーシングペーパーとは異なり，透過せず，平滑で白く肌理が細かく，着色も可能なため，主にプレゼンテーションに用いられる。紙厚により薄口，中厚口，厚口などの種類がある。

（3）ボード

　ボードは，インクや水彩絵の具による彩色に優れた高級ケント紙やキャンソン紙を使った厚紙で，主に，透視図やプレゼンテーションに用いられる。キャンソンボードやケントボードなどの種類がある。

（4）その他の製図用紙

設計の際に図面やスケッチなどで構想を練ることをエスキスといい，そのエスキスや，透視図の下書きなどに普通紙，イエロートレペ，方眼紙（セクションペーパー）などが用いられる。

第2節　製図用具

製図用具は，2.1～2.4の「手描きによる」製図用具と，2.5の「コンピュータによる」製図用具（CAD）がある。製図用具は，エスキス，図面作成，パースなどの作業目的により使い分ける。ここでは，一般的に使われている製図用具について述べる。

ほとんどの製図用具は，右利き用につくられているが，一部の用具には，左利き用につくられているものもある。

2.1　筆記具

図1－1に「手描きによる」製図に用いる筆記具を示し，以下にそれぞれ用途を示す。

鉛筆は，芯の硬さと太さを選択調整することにより，いろいろな濃さと幅の線を作図することができ，また，消しゴムで消すことができるため，製図に多く用いられている。

芯の硬さは，軟らかい（6BからB）・中間の硬さ（HB，F）・硬い（Hから9H）があり，軟らかい芯ほど濃く，HBやBなどがよく使われる。

鉛筆は，製図用の芯材が良質なものを用いる。鉛筆の軸と芯を別々にしたものに，**芯ホルダー**と**シャープペンシル**がある。替え芯の太さは，芯ホルダー用は2mmが標準で，シャープペンシル用は0.3・0.5・0.7mmがあり，一般的には目的に応じて使い分ける。

鉛筆と芯ホルダーは，芯先を芯研器などを用いてこまめに研いで調整しなければならないが，くっきりした強い線が引ける。実務では，芯を研いで調整する必要がないシャープペンシルが多く使われている。

製図用ペンは，墨入れ製図に使用し，細いパイプ状のペン先を通じてインクが出る仕組みになっており，ペン先は，線幅0.1mmから2.0mm用までの太さがある。

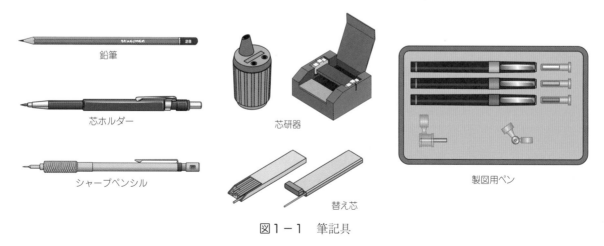

鉛筆

芯ホルダー

芯研器

シャープペンシル

替え芯

製図用ペン

図1－1　筆記具

2.2 製図器と修正用具

図1−2に「手描きによる」製図に用いる製図器と修正具を示し，以下にそれぞれ用途を示す。

（1）製図器

a．コンパス

コンパスは，円や円弧を描くために用いる器具である。コンパスの芯先（穂先）は，アタッチメントを利用し，鉛筆，製図用ペンなどにつけ替えられるものなどがある。描く円の大きさに応じて大・中コンパス，スプリングコンパス，ドロップコンパスを使い分ける。特に大きな円を描くためには，ビームコンパスが用いられる。

b．ディバイダー

ディバイダーは，図面上やスケールの寸法を写したり，同じ寸法を繰り返し写すことに用いられる。

（2）修正用具

a．消しゴム

消しゴムには，プラスチック製とラバー製のものがある。鉛筆描きの場合には，軟らかいプラスチック製のものが使いやすい。墨入れの場合には，インク用消しゴム又はラバー製の砂消しゴムを使って消す。細部を消すときには，小さな円筒の消しゴムを回転させる電動消しゴムが用いられることもある。

b．字消し板

字消し板は，消したい部分に字消し板の切り抜かれたところをあてがい，上から消しゴムを使う。他の部分に影響を与えることなく消したい部分だけを消すことができる。

c．製図用ブラシ・羽根ぼうき

図面上の芯の粉や消しゴムのかすなどを取り除くときに用いる。

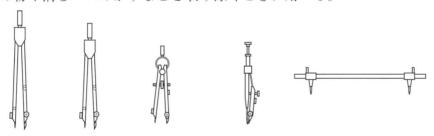

大コンパス　　中コンパス　　スプリングコンパス　　ドロップコンパス　　ビームコンパス

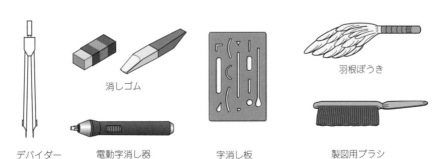

羽根ぼうき

デバイダー　　電動字消し器　　字消し板　　製図用ブラシ

図1−2　製図器と修正用具

2.3 定規とスケール

図1−3に「手描きによる」製図に用いる定規とスケールを示し，以下にそれぞれ用途を示す。

（1）定規

a．T定規

T定規は，T字型の長いガイドの薄板と定規から成る定規で，薄板を製図板の縁に当て，上下に滑らせて水平の平行線を描いたり，三角定規をT定規に沿って滑らせて，垂直又は斜めの平行線を描いたりするのに用いる。

b．三角定規・勾配定規

三角定規は，角度が45°，45°，90°の二等辺直角三角形のものと，角度が30°，60°，90°の直角三角形のものが2枚で一組になっている。寸法線など長い垂直線を描くには，30cm程度のものを用いると便利である。

勾配定規は，三角定規の斜辺部が自由に動き，あらゆる角度の線が描ける。

c．テンプレート

テンプレートは，プラスチック製の薄い板に円や文字などを切り抜いたもので，その切り抜かれた縁をなぞって図形や文字を描くことができる。出入口表示（三角）や，扉の開き勝手（円）などに用いる。

d．雲形定規

雲形定規は，いろいろな曲線を組み合わせた定規である。描く線の曲がり具合に合わせて適切なものを選んで用いる。

e．自在定規

自在定規は，棒状の定規で水平方向に形を自由に変えることができ，自由曲線を描くのに便利である。

（2）スケール・分度器

a．三角スケール

三角スケールは，断面が三角形のものさしで，3つの面の面側に縮尺の異なる6種類の目盛りが刻まれている。長さには主に30cmと15cmのものがあり，両方あると便利である。なお，スケールは寸法を測るものなので，線を引かないように注意する。

b．分度器

分度器は，角度を測るために用いる。半円（180°）と全円（360°）がある。

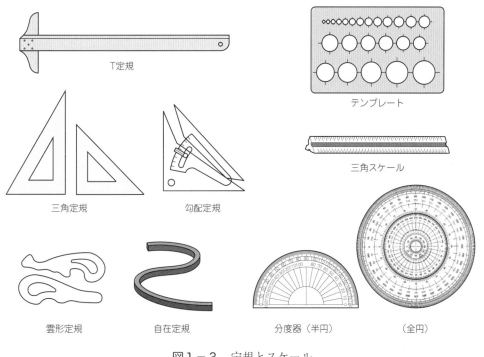

図1-3　定規とスケール

2.4　製図板と製図機械

　「手描きによる」製図に用いる製図板と製図機械を図1-4に示し，以下にそれぞれ用途を示す。

（1）製図板

　製図板は，製図用紙を張り付ける台板で，左右の縁はT定規を当てるために，真っすぐな堅木が取り付けられている。シナ合板などの合板製，合板製の表面に塩化ビニルシート又はマグネットシートを接着したものなどがある。マグネットシートの場合の製図用紙の固定には，金属製のマグネット用プレートを用い，その他の場合には接着力の弱い製図用テープ又はセロハンテープを用いる。

（2）平行定規

　平行定規は，長い直定規が平行を保ちながら製図板上を上下に移動する。三角定規と組み合わせて垂直，平行の直線を描く。長い直線や矩形（くけい）の多い図面を描くのに便利である。表面にマグネットシートを張った製図板と一体化したものが一般的である。

（3）製図機械

　製図機械は，T定規，三角定規，分度器，スケールの機能を合わせ持った機械であり，ドラフターと呼ばれている。L字形に組まれた垂直・水平スケールは，製図板上どこへでも自由に動かせ，L字形スケールを回転させることにより，あらゆる角度の直線が描ける。

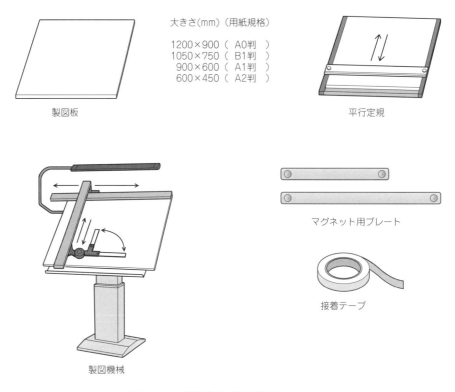

図1−4　製図板と製図機械

2.5　CAD

（1）CAD

CAD は，Computer Aided Design（コンピュータ支援デザイン）の略で，コンピュータを利用して進めるデザイン（設計及び製図）である。

CAD は，ハードウェア（コンピュータ本体とその周辺機器）とソフトウェア（それらの装置を働かすプログラム）で構成される。

CAD を用いた製図は，図面を紙に描く代わりに，マウスやキーボードなどの入力装置を用いて，線や図形の位置及び寸法のデータをコンピュータに入力する。それらのデータは，コンピュータ本体で図面データとして計算，記録などの処理が行われ，ディスプレイ装置の画面上に映像として表示されることにより確認することができる。記録されたデータは，プリンタなどの出力装置を用いて，製図用紙に図面として，出力することができる。

（2）建築用CAD

CAD は，機械製図や建築製図など，どの分野の製図にも対応できる**汎用 CAD** と，特定分野で利用することを目的とした**専用 CAD** がある。建築用 CAD は，建物の種類別に木造住宅専用 CAD，鉄筋コンクリート専用 CAD などが，業務別にプレゼンテーション専用 CAD，施工専用 CAD などがある。設計，製図，構造計算，申請書作成，積算など，建物の設計から施工までの一連の作業を自動化している専用 CAD もある。

（3）3DCAD

3DCAD は，3次元モデルを元に製図を行う CAD で，X 軸・Y 軸・Z 軸の数値指定等により立体物を形成する。設計中のものを色々な角度から眺め，デザインや納まりの検討をすることができ，図面化して，紙に印刷することもできる。また，CG（Computer Graphics）によるリアルな画像だけでなく，ウォークスルー（仮想空間内を歩いた視点で見るアニメーション）や VR（ユーザーの動きに合わせた仮想空間内における立体映像の視聴）で空間の広がりのシミュレーションが可能なため，プレゼンテーションのツールとしても活用されている。

（4）BIM/CIM

近年では，計画，調査，設計段階から **BIM/CIM**（Building/Construction Information Modeling）を導入することによって，その後の施工，維持管理の各段階でも3次元モデルを連携・発展させて事業全体にわたる関係者間の情報共有を容易にし，一連の建設生産・管理システムの効率化・高度化を図れるようになってきた。BIM は，「3次元モデル」と「属性情報（3次元モデルに付与する部材の仕様・性能・数量等）」を組み合わせたものであり、可視化による関係者協議の迅速化や数量算出作業の効率化等が可能となる。

※出典：国土交通省 BIM/CIM ポータルサイト（https://www.nilim.go.jp/lab/qbg/bimcim/bimcimsummary.html）

第3節　製図用具の使い方

この節では，製図用具を利用して図面を描く方法，主として，線の描き方を学ぶ。ここでは右利きの人が図面を描く場合を想定している。左利きの人は，描き方が異なるため，用具を持つ手や線を描く方向などを左右逆にするなど，各自がこの節を参考に工夫してほしい。

3.1　製図の姿勢と製図板の置き方

姿勢が正しくないと，製図はやりにくいばかりでなく，健康に悪い。上体の姿勢は製図板に対して胸部を曲げないで 10 〜 20° ぐらい傾けるのがよく，そのためには，製図板の奥をまくら木などで 5 〜 10° ぐらい手前に傾くように持ち上げておくのがよい（図 1 − 5）。製図板の大きさによっては，傾ける角度・高さが自由になる専用の製図台を使うと描きやすく便利である。

図 1 − 5　製図板の置き方

3.2　定規類の使い方

（1）Ｔ定規と三角定規の使い方

Ｔ定規と三角定規の使い方は，左手でＴ定規の頭部を持ち，製図板の縁に沿って上下させる。

T定規が動かないよう左手で押さえてから，右手で三角定規をT定規に沿って動かす。

　線を描くときは，T定規が移動しないように注意しながら左手の指でT定規と三角定規を引き付けるように合わせ，上から両方をともに押さえる（図1－6）。

　T定規は，締付けねじの緩み，縁のはがれ，三角定規は，縁の傷などを点検した後，汚れをふいて使用する。両方とも刃物を当てたり，落としたりして，縁に傷を付けないよう注意する。また，T定規は，日光の直射を受けると反りの出るおそれがあるので取扱いに気をつける。

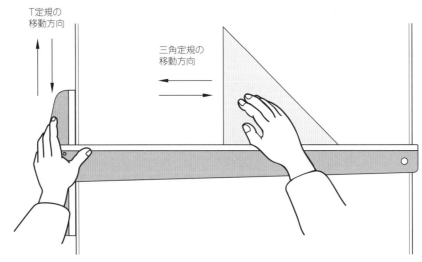

図1－6　T定規と三角定規の使い方

（2）平行定規と三角定規の使い方

　平行定規と三角定規の使い方は，左手で平行定規を持ち上下させる。平行定規を動かないように押さえてから，右手で三角定規を平行定規に沿って動かす（図1－7）。

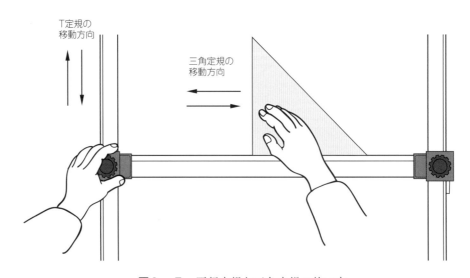

図1－7　平行定規と三角定規の使い方

　線を描くときは，平行定規が移動しないように注意しながら，左手の指で平行定規と三角定規をひきつけるように合わせ，上から両方ともに押さえる。

　平行定規は，T定規に比べて作業が安易だが，ねじの緩みなどによって平行が保てなくなることがある。使用前及び使用中に平行が保たれていることをときどき確認する。もし，平行が

保たれていないようであれば調整する。線を描いたり三角定規を当てる部分は，刃物を当てたり三角定規を強く当てたりして縁に傷を付けないように注意する。

3.3 線の引き方

鉛筆やシャープペンシルで直線を描く場合には，始めから終わりまで，線の太さや濃さが一様になるように描く。特に線の両端が太くなったり，細くなったり，かすれたりしないように注意する。

（1）芯の研ぎ方

鉛筆と芯ホルダーの芯先は，くっきりした一様な線を描くために常に正しい形に調整されていなければならない。芯は，それぞれ専用の芯研器か紙やすりなどを用いて，図1－8のように，一般の鉛筆より長めに芯を出し，円すい形に研ぐ。また，図1－9のようにコンパスに入れた芯先は，芯元から緩やかな傾斜を付けて板状に研ぐ。

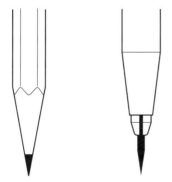
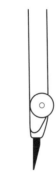

図1－8　鉛筆と芯ホルダーの芯先　　　　図1－9　コンパスの芯先

（2）線の描き方

① 直線を描くときは，図1－10（a）のようにシャープペンシルのペン先を定規にしっかりと当て，（b）のように線を描く方向に少し（製図用紙に対して約70°）傾ける。

② シャープペンシル（鉛筆）は，始めから終わりまで線の太さや濃さが一様になるように，同じ力，同じ速さで少しずつ回しながら描く。このとき，シャープペンシル（鉛筆）を持つ手首の動きを止めて腕全体で描くようにする（図1－11）。

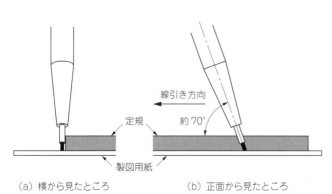

（a）横から見たところ　　　（b）正面から見たところ

図1－10　線を描く方向への傾き

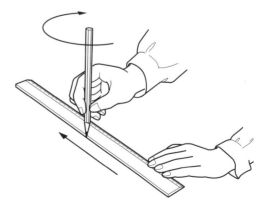

図1－11　線を描く方向と鉛筆の回転

③ 線を描く方向は，水平線のときは，左から右へ，垂直線のときは，下から上へ，また，斜線が定規の左側にあるときは下から上へ，定規の右側にあるときは上から下へ描くようにする（図1－12）。

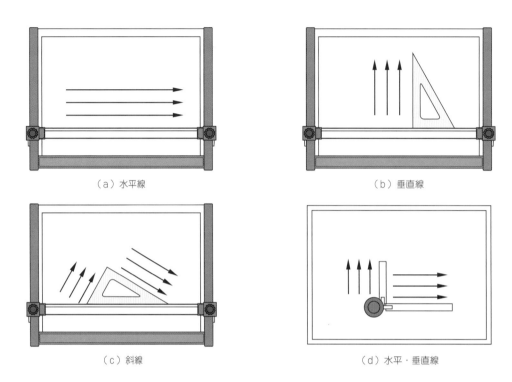

（a）水平線 　　　　　　　　　　　（b）垂直線

（c）斜線 　　　　　　　　　　　（d）水平・垂直線

図1－12　線を描く方向

第1章　学習のまとめ

　この章では，建築製図に用いられる製図用紙の種類，製図用具の種類と使い方について学んだ。図面作成時には，目的によって適切な製図用紙と製図用具を選択して用いなければならない。また，正確で美しい図面を描くためには，製図用具の使い方を十分に習得しておかなければならない。

練習問題

次の　　　　　　**に適切な語句を入れなさい。**

（1）　建築製図の方法は，大きく2種類あり，「①　　　　　　　による方法」と，「②　　　　　　　による方法」がある。

（2）　建築製図で用いる製図用紙は，半透明の③　　　　　　，平滑で白く肌理の細かい④　　　　　　　がある。

（3）　製図に用いる筆記具は，鉛筆，⑤　　　　　　，⑥　　　　　　，製図ペンがある。

（4）　製図器のコンパスは，⑦　　　　　　や⑧　　　　　　を描くために用い，ディバイダーは，図面やスケールの⑨　　　　　　を写すときに用いる。

（5）　テンプレートは，⑩　　　　　　や⑪　　　　　　を描くために用いる。

（6）　三角スケールは，⑫　　　　　　つの面の両側に，縮尺の異なる⑬　　　　　　種類の目盛が刻まれている。

（7）　T定規は，⑭　　　　　　板の縁にガイドを当て，上下に滑らせて水平線や水平の平行線を描くことに用いる。

（8）　CADは，⑮　　　　　　を利用して進めるデザイン（設計及び製図）の略称である。

（9）　上体の姿勢を保つために，製図板は，⑯　　　　　　〜⑰　　　　　　ぐらい傾けるとよい。

（10）　平行定規は，使用前及び使用中に⑱　　　　　　が保たれていることをときどき確認する。

（11）　直線を描くときには，始めから終わりまで，線の⑲　　　　　　や⑳　　　　　　が一様になるように注意する。

（12）　直線を書くときには，シャープペンシルのペン先を定規にしっかりと当て，線を描く方向に㉑　　　　　　傾ける。

（13）　右利きの場合，線を描く方向は，水平線のときは㉒　　　　　　から㉓　　　　　　へ，垂直線のときは，㉔　　　　　　から㉕　　　　　　へ描くようにする。

第2章　建築製図のきまり

建築製図では，図面作成者の意図を建築主や施工者などの図面使用者に確実・容易に伝える必要がある。そのためには，決められた図法と表現が必要となる。これらの建築製図のきまりは，JIS（日本産業規格）により定められている。

この章ではJISに定められた図法と表現方法について学ぶ。また，JISに定められている以外の一般的な建築製図のきまりも学ぶ。

第1節　投影法

投影法とは，立体を平面に表す方法であり，図2−1のように視点を無限遠とする平行投影法とそれ以外の任意の点を視点とする透視投影法がある。この節では，平行投影の第三角法，透視投影の一点透視投影と二点透視投影について学ぶ。

第三角法は，建築製図において，立体の建物を平面で表す図法であり，平面図や立面図などの図面を作成する際の基本である。

透視投影は，建物を平面上に立体的に表現するための図法である。この図法で描かれた建物や室内などの図は**透視図**又は**パース**と呼ばれている。

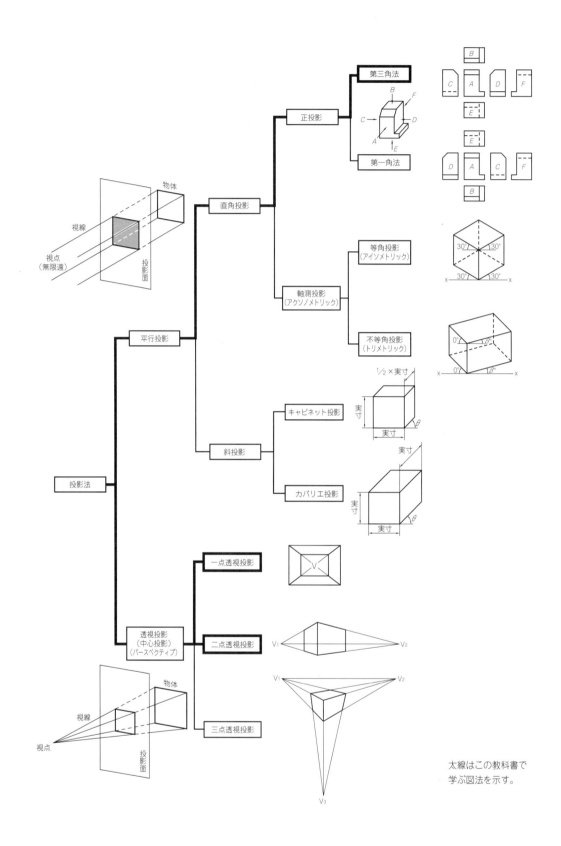

図2－1　投影法の体系

1.1　第三角法

　図2-2(a)に示すように，直交する2つの平面で空間を区切ると4つの空間ができる。それぞれの空間を第一象限から第四象限と呼ぶ。第三角法は，図2-2(b)～(d)に示すように第三象限に対象物を置いて，投影面に対象物を投影し，2つ以上の投影面によって表現される図法である。正面図・平面図・右側面図・左側面図・背面図・下面図の6つの投影面で表され，各図面は図2-2(d)のように配置される。

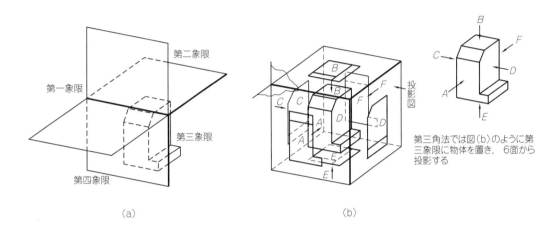

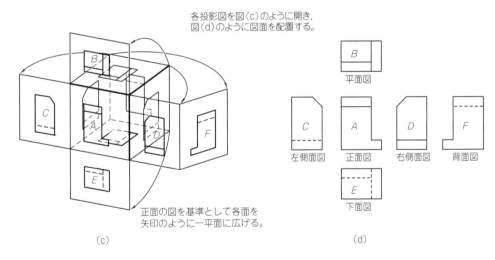

図2-2　第三角法による投影

1.2　透視投影

　透視投影によって作られる図を**透視図**（perspective）といい，「**パース**」と呼ばれることが一般的である。透視投影法の基本は，図2-3に示すとおり，目と対象物の各点を結び，画面（P.P）と交差した各点を結んで図形化したものである。目の高さ（E.L）や立点（S.P）を変えると見え方が変わる。画面に対して対象物を平行に置けば，**一点透視投影図**となり，任意の角度を付けると**二点透視投影図**となる。

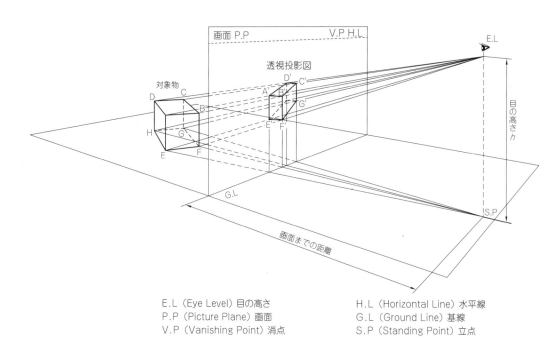

E.L（Eye Level）目の高さ   H.L（Horizontal Line）水平線
P.P（Picture Plane）画面   G.L（Ground Line）基線
V.P（Vanishing Point）消点   S.P（Standing Point）立点

図2－3　透視投影（二消点）

第2節　建築製図の規則

　この節では，建築図面を描くときに知っていなければならない製図用紙のサイズ，図面の様式，図の配置，尺度，線・文字・寸法の表示と表示記号について学ぶ。

2.1　製図用紙のサイズ及び図面の様式

　製図用紙の向き，サイズ，輪郭，表題欄などについては，表2－1のように JIS Z 8311 に定められている。

表2－1　図面の様式

（a）A0からA4で長辺を左右方向に置いた場合　　（b）A4で短辺を左右方向に置いた場合

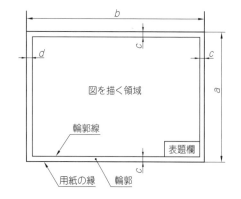

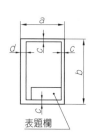

単位　mm

用紙の大きさの呼び		A0	A1	A2	A3	A4
a×b		841×1189	594×841	420×594	297×420	210×297
c（最小）		20	20	10	10	10
d（最小）	とじない場合	20	20	10	10	10
	とじ代	20	20	20	20	20

　備考　dの部分は，図面をとじるために折りたたんだとき，表題欄の左側になる側に設ける。

建築製図では，A列のサイズの製図用紙を用い，原則として長辺を横方向にして使用する。製図用紙には，複写の際のつかみ代（複写不能部分）として輪郭部分を確保する。表題欄には図面を特定する事項（物件名，図名，縮尺，作図者など）を記入する。

2.2　図の配置

図面中（製図用紙上）の図の配置及び方向については，次の①〜④のきまりがある。

① 図は，図面中（製図用紙上）に1階平面図，2階平面図…，A－A'断面図，B－B'断面図…，というように，左から右へ又は，上から下へと順番に配置する。

② 同一物件における平面図は，同じ方向に配置する。

③ 平面図及び配置図は原則として，**図面の上方を北**とする。もし上方を北にできない場合は，図面の左を北とする。

④ 立面図及び断面図は原則として，上下方向を図面の上下に合わせる。もし，上下方向を図面の上下に合わせることができない場合は，図面の左を上方向に右を下方向とする。

2.3　尺度の種類

尺度は，実際の長さに対する図面に示された長さの比である。建築製図では，尺度のことを**縮尺**と呼ぶことが多い。JIS Z 8314に技術分野での製図に用いる推奨尺度があり，表2－2に推奨尺度と建築図面を示す。表2－2にある建築図面の一般図とは，建物の概略を表現した図で，平面図，立面図，断面図，配置図（建物規模の大きい場合，配置図のみ別の尺度となる場合があり，表では別に記載している）をいう。また，実務ではJISの推奨する以外の尺度として，1：3，1：30，1：300が使われる場合もある。

2.4　線の表示

（1）線形と太さ

線は，線形と太さの組合せから構成される。線形は，**実線**，**破線**，**一点鎖線**，**二点鎖線**及び実線を変形させた波形線，ジグザグ線がある。線形の表現は，表2－3に示すようにJIS Z 8312に定められている。

線の太さは，0.13mm，0.18mm，0.25mm，0.35mm，0.5mm，0.7mm，1mm，1.4mm，2mmの9種類がある。線の太さの種類は，**太線**，**中線**，**細線**があり，太さの比は**4：2：1**と定められている。例えば，0.13mmの太さの線を細線とした場合，中線は，0.25mm，太線は，0.5mmとなる。また，作図の精度を高めるための補助線として，下書き線を用いる場合には，基本的に消さない線であるため，細線よりも細い極細線で描く。

表2－2　推奨尺度と建築図面

推奨尺度	建築図面							
	現寸図	部分詳細図	かなばかり図	平面詳細図	一般図	構造図	設備図	配置図
1：1	●							
1：2		●						
1：5		●						
1：10		●	○					
1：20		●	●	○		○	○	
1：50		●	●	●	○	○	○	○
1：100				○	●	●	●	●
1：200					●	●	●	●
1：500					○	○	○	●
1：1000							○	●
1：2000							○	○

●：よく使われる。○：たまに使われる。

表2－3　主な線形の種類

呼称	線の基本形
実線	連続線
破線	短線　短線／すき間　すき間（12d／12d、3d／3d）
一点鎖線	長線　極短線　長線／すき間 すき間（24d／6d／24d、3d／3d）
二点鎖線	長線　極短線 極短線　長線／すき間 すき間 すき間（24d／6d／6d／24d、3d／3d／3d）

（2）線の種類と用い方

　建築製図における線の種類（線形と太さの組合せ）別の用い方は，JIS Z 8312を参考に，本書では表2－4に示す線種を用いる。

表2－4　線の種類と用い方

線の種類		用い方による名称	線の用い方
実線	太線	断面線	・建物や部材の切断部を表すのに用いる。
	中線	外形線	・ものの外側から見える形状を表すのに用いる。
	細線	仕上線	・レベル差の少ない同一平面上の目地などを表すの用いる。
		寸法線	・寸法を記入するのに用いる。
		引出線	・記述や記号を引き出すのに用いる。
		ハッチング	・断面の切り口など他と区別するのに用いる。
	極細線	下書き線	・下書きをするのに用いる。
細い破線又は太い破線		かくれ線	・実際には見えない部分の形状を表すのに用いる。
細い二点鎖線		想像線	・加工前の状態や動くものの位置を表すのに用いる。
太い一点鎖線		特殊指定線	・特別な要求事項を適用すべき範囲を表すのに用いる。

表2−4　線の種類と用い方（つづき）

細い一点鎖線	———·———·———	基準線，通り芯中心線	・位置決定のよりどころを表すのに用いる。 ・図形の中心を表すのに用いる。
細い一点鎖線で，端部及び方向の変わる部分を太くしたもの		切断線	・断面位置を表すのに用いる。
波形の細い実線又はジグザグ線		破断線	・対象物の一部を破った境界や一部を取り去った境界を表すのに用いる。

2.5　文字の表示

　文字の大きさは，文字の高さで表す。文字の高さは，1.8mm，2.5mm，3.5mm，5mm，7mm，10mm，14mm，20mm の8種類が JIS Z 8313 に定められている。文字の大きさは，製図用紙のサイズや縮尺などを考慮して，読みやすく，かつ，図に対してバランスのよい大きさとする。

2.6　寸法の表示

　寸法の表示は，JIS Z 8317 に定められている。

（1）寸法記入要素

　寸法記入要素は，図2−4に示すように，寸法線，寸法補助線及び引出線は，**細い実線**で表す。

図2−4　寸法記入要素

（2）寸法数値

　図中に用いる数値の単位は，原則として**ミリメートル**（mm）とし，単位記号は付けない。それ以外の単位を用いるときは，数字の後ろに単位を付ける。数値の小数点の記号は下付点（.）を用い，1未満の小数には小数点の前に0を付ける。建築製図では，大きい数値の読み取りを容易にするため，小数点から上位3けたごとにカンマ（,）を付けるか，小さな間隔をあける。
　例　100（mm 以外は単位記号を付す。例0.1m　10cm）
　　　12,543.5　又は　12 543.5
　寸法数値は，基本的に，寸法線に平行に記入し，寸法線の中央の上側に寸法線から少し離し，

図面の下側及び右側から読むことができるように表示する。斜めの寸法線上の数値は，図2－5に示す方向で表示する。

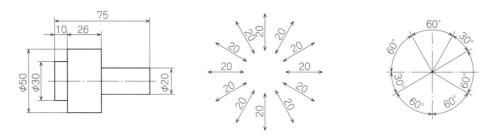

図2－5　寸法の記入

（3）寸法補助記号

　寸法補助記号は，図形の形状を明確に表すために用いる。建築製図では，主に表2－5に示す寸法補助記号を用いる。

表2－5　寸法補助記号

項目	記号	呼び名
直径	φ	ファイ又はマル
半径	R	アール
正方形の辺	□	かく（角）
板の厚さ	t	ティー

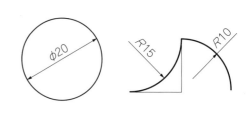

（4）端末記号及び起点記号

　寸法線の端部は，端末記号又は起点記号を付ける。端末記号及び起点記号は，図2－6に示すように定められている。

　端末記号の矢印は15～90°の開き角とし，開いても閉じても塗りつぶしてもよい。建築製図では，端末記号に黒丸が用いられることが多い。起点記号は約3mmの白抜きの円とする。

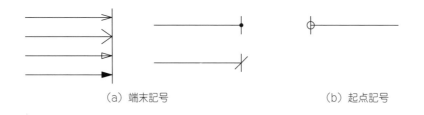

（a）端末記号　　　　　　　　　　（b）起点記号

図2－6　寸法線の両端表示

（5）基準線

　建築物は，多くの部材から構成されている。各部材の位置を明確にするための基準となる線（基準線）が必要になる。この基準線は，平面方向は**通り芯**と呼ばれ，一般的に主要な壁の中心線や柱の中心線とする。図2－7に示すように，基準線は必要に応じて設け，重要な基準線

の片方又は両方の端部に細線で描いた円を付ける。円の中にはアルファベットや数字などの基準記号（通り符号）を記入する。

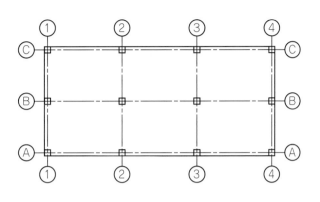

図2-7　基準線の表示例

（6）寸法の記入法

① 連続した寸法を記入する方法（直列寸法記入法）

寸法に共通の起点がなく，誤差が問題とならない場合に用いる（図2-8）。

② 共通の起点から並べて寸法を記入する方法（並列寸法記入法）

共通の起点から，いくつかの寸法線を平行に配置する場合に用いる。このとき，寸法数値が重ならないように寸法線の間隔をあける（図2-9）。

③ 足し合せた寸法を記入する方法（累進寸法記入法）

起点記号を1つ置き，寸法線の反対の端部に矢印を付ける。ほかの寸法記入法と間違わないように，寸法数値は矢印の近くで対応する寸法補助線の位置，若しくは，寸法線の上側の位置とする。

上記①〜③の寸法の記入法は，同一図面上で一緒に用いられることもある。

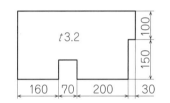

図2-8　直列寸法記入法

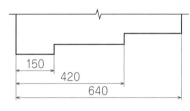

図2-9　並列寸法記入法

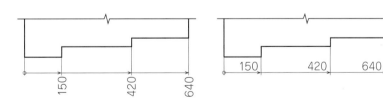

図2-10　累進寸法記入法

2.7　角度と勾配の表示

角度の表示は，JIS Z 8317-1 及び JIS A 0150 を参考に，図2-11に示すように表示する。

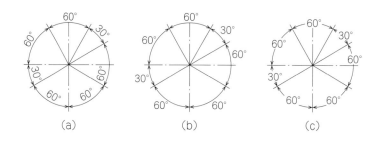

図2−11　角度と勾配の表示

　勾配の表示は，度又は正接（何単位水平方向に移動するごとに，何単位垂直方向に移動するということを示し，水平方向の移動距離を分母，垂直方向の移動距離を分子とした分数で表示）を用い，図2−12の（a）に示すように，スロープ勾配などでは，垂直方向への移動距離である分子を1とした分数を用い，屋根勾配などで（b）に水平方向の移動距離である分母を10とした分数を用いる。

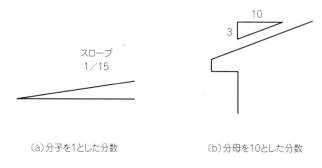

（a）分子を1とした分数　　　　　　　（b）分母を10とした分数

図2−12　角度と勾配の表示

2.8　表示記号

　建築の設計図は，主に縮尺して描かれるため，図上に建具などの実形を描ききれない場合が多く，ある程度記号化する必要がある。また，用いられる多くの材料が視覚的に区別できた方が便利であるなどの観点から，材料の表示記号がJISに定められている。

　表2−6に，1：100及び1：200の縮尺で用いられる平面表示記号の例を，表2−7に，JIS A 0150の材料構造表示記号（抜粋）を示す。なお，表示記号がないものは，尺度に応じ実形を描き説明を記入する。

表2−6　平面表示記号の例

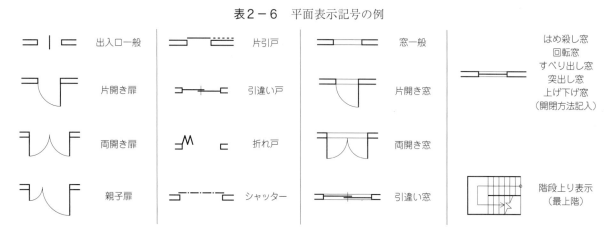

表2−7　材料構造表示記号（JIS A 0150 より抜粋）

縮尺程度別による区分／表示事項	縮尺 1/100 又は 1/200 程度の場合	縮尺 1/20 又は 1/50 程度の場合 縮尺 1/100 又は 1/200 程度の場合でも用いてもよい。	現寸及び縮尺 1/2 又は 1/5 程度の場合 縮尺 1/20，1/50，又は 1/200 程度の場合でも用いてもよい。
壁一般			
コンクリート及び鉄筋コンクリート			
軽量壁一般			
普通ブロック壁 軽量ブロック壁			実形をかいて材料名を記入する。
鉄骨			
木材及び木造壁	真壁造 管柱 片ふた柱 通柱 ／ 真壁造 管柱 片ふた柱 通柱 ／ 大壁 管柱 間柱 通柱（柱を区別しない場合）	化粧材 ／ 構造材 ／ 補助構造材	化粧材（年輪または木目を記入する） ／ 構造材 ／ 補助構造材 ／ 合板
地盤			
割栗			

第2章　学習のまとめ

　この章では，製図規約について学習し，図面の意図を正確に伝えるために必要な作図法と表現のきまりについて学んだ。実際に誤りのない図面を描いていくためには，建築技術者として必要な知識や表現方法を理解し，基本的な製図のルールを確実に身につけることが重要である。

練習問題

次の　　　　　　　に適切な語句を入れなさい。

（1）投影法とは立体を①　　　　　　に表す方法であり，視点を無限遠とする②　　　　　　とそれ以外の任意の点とする③　　　　　　がある。

（2）建築製図で用いる製図用紙のサイズは④　　　　　　列を用いる。

（3）平面図は原則として，図面の上方を⑤　　　　　　とする。図面の上方にできない場合は⑥　　　　　　とする。

（4）寸法を示す際の単位は，原則として，⑦　　　　　　とする。その他メートルなどの単位を用いるときは，必ず⑧　　　　　　を付けなければならない。

（5）製図に用いる線の太さは太線，中線及び細線の3種類であり，太さの比は⑨　　　　　　：⑩　　　　　　：⑪　　　　　　である。

（6）寸法記入要素には，寸法線，寸法⑫　　　　　　線，⑬　　　　　　記号などがある。

（7）建築製図では勾配の表示に，分子を⑭　　　　　　，又は分母を⑮　　　　　　とした分数を用いる。

第3章　建築図面の目的と種類

　建築図面は，その目的と内容により様々な種類がある。この章では，各種の図面とそれらの内容について学ぶ。

第1節　図面の目的

　この節では，図面の目的について学ぶ。建築生産のプロセスと図面の関係性を図3－1に示す。

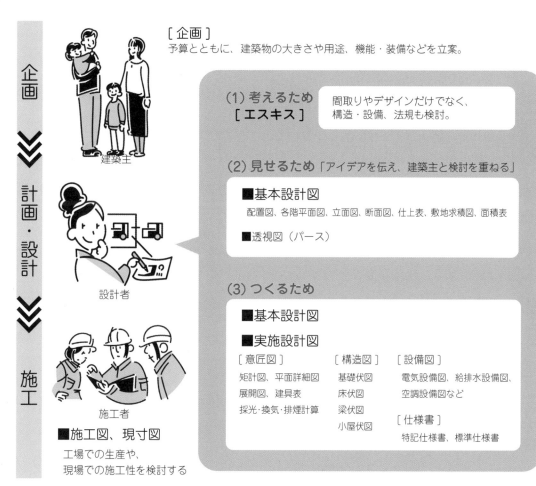

［企画］
予算とともに、建築物の大きさや用途、機能・装備などを立案。

企画 ▶▶ 計画・設計 ▶▶ 施工

建築主

設計者

施工者

(1) 考えるため
[エスキス]
間取りやデザインだけでなく、構造・設備、法規も検討。

(2) 見せるため「アイデアを伝え、建築主と検討を重ねる」
■基本設計図
配置図、各階平面図、立面図、断面図、仕上表、敷地求積図、面積表
■透視図（パース）

(3) つくるため
■基本設計図
■実施設計図

［意匠図］	［構造図］	［設備図］
矩計図、平面詳細図	基礎伏図	電気設備図、給排水設備図、
展開図、建具表	床伏図	空調設備図など
採光・換気・排煙計算	梁伏図	［仕様書］
	小屋伏図	特記仕様書、標準仕様書

■施工図、現寸図
工場での生産や、現場での施工性を検討する

図3－1　建築生産のプロセスと図面の関係性

1.1 図面の目的

図面には，次の３つの目的があり，目的の違いによって表現される内容も異なる。

（1）考えるため《エスキス》

設計者が，抽象的なイメージから具体的な形として表す図面で，**エスキス**ともいう。建物の用途や設計条件，環境条件などから，空間，構造，設備，造形などの要素を総合して，平面図や断面図，内外部空間のスケッチなどを行う。方眼紙にフリーハンドで描くことも多い。図３－２にエスキスの例を示す。

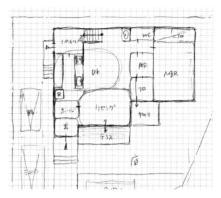

図３－２　エスキスの例

（2）見せるため《基本設計図》

設計者が発注者（施主または建築主ともいう）に対して，設計案の完成予想や内容を伝達するための図面で，**基本設計図**がこれにあたる。図３－３に基本設計図の例を示す。基本設計図は，実施設計の前に完成され，計画概要，配置図，各階平面図，立面図，断面図，仕様概要などで構成される。これに透視図（パース）を加える場合もある。基本設計図は，専門家以外の人でも分かりやすいように表現される。

図３－３　基本設計図の例

（3）つくるため《実施設計図》

基本設計が了承され，工事に用いるための図面で，実施設計図という。図３－４に**実施設計図**の例を示す。

実施設計図は，基本設計図に詳細図や建具表などを追加した意匠図，柱や梁などの構造部材を示す構造図，電灯や空調，配線などを示す設備図などに分けられる。工事途中に作成される**施工図**製作図，加工図などもある。

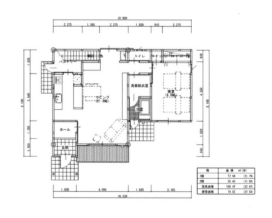

図３－４　実施設計図の例

第2節　設計図の種類

この節では，「つくるための図面」，すなわち，実施設計図の図面名称と内容について学ぶ。

2.1　実施設計図の種類

（1）意匠図

意匠図は，実施設計図のうち，建物の形状，素材，機能などを表す建物の意匠設計に関する内容を示した図面である。

意匠図の中でも，建物全体の概略を表現する図を一般図という。一般図には，配置図，平面図，立面図，断面図などが含まれる。

表3－1　意匠図の種類と内容

図面名称	縮尺	内容
表紙	―	工事名称，契約年月，設計者名
図面目録	―	図面番号，図面名称
建築概要書	―	建物の規模，階数，構造，設備の概要
特記仕様書	―	図面に表現できない工法，使用材料の等級
付近見取図	1：2500	工事場所への道案内および周囲の外況 敷地の位置，周辺道路，付近の建物等，方位
敷地求積図	―	道路境界線，隣地境界線，面積算定（三斜求積・座標求積）
配置図	1：100, 200, 500	敷地の形状，前面道路，建物の位置，方位，外構など
面積表	―	建物求積図，面積算定表，建築面積・延べ面積及びそれらの算定式
仕上表	―	外部仕上げ，内部仕上げ，下地，付属品，法規上の表現（不燃材・準不燃材など）
平面図	1：100, 200	床面から1.5m前後で水平に切断し，真上から見た水平投影図。 基準線，壁，柱，建具の位置，室名，寸法，付属設備等
立面図	1：100, 200	建物の外観および形状を表現，仕上材位置及び範囲，地盤面，東西南北の4面
断面図	1：100, 200	基準線2面以上，建物の垂直断面，室名，寸法，地盤形状
矩計図	1：20, 30, 50	建物の垂直断面で各部の基準寸法，使用材料，納まりなど
平面詳細図	1：30, 50	躯体寸法，躯体と仕上げの納まり，法規上必要な有効寸法など
部分詳細図	1：3, 5, 10, 20, 30, 50	建具周りの断面詳細，階段詳細，造り付け家具詳細など
展開図	1：30, 50	各室の内壁面詳細図，天井高，開口高，設備機器，造り付け家具など
天井伏図	1：50, 100, 200	天井面の仕上材料，照明，空調機器など
屋根伏図	1：50, 100, 200	屋根面の水平投影図。形状，仕上材料，勾配など
建具位置図	1：100, 200	建具位置，建具呼出符号
建具表	1：50	鋼製，木製建具の詳細。形状，開閉方式，仕上材料，数量，附属金物など
外構詳細図	1：100, 200, 500	敷地内の門，塀，駐車場位置，アプローチ，舗装，植栽の種類などを表示
透視図	―	建物の外観，内観を立体的に表現（着色されることが多い）
日影図	1：100, 200	冬至における日影図を描き，日影時間を計測
天空図	1：100, 200	天空率を用いて斜線制限を緩和。天空率計算，適合建物立面，接近点天空図

▨：基本設計図の段階においても作図する図面を示す。

（2）構造図

実施設計図のうち，構造に関する内容を示した図である。

表3－2　構造図の種類と内容

図面名称	縮尺	内容
仕様書	—	特記事項，構造概要・工法・材料など
杭伏図	1：100，200	杭の種類，杭の位置，大きさなど
基礎伏図	1：100，200	基礎の種類，形状
床（梁）伏図	1：50，100，200	床・梁・柱（・壁）の構成，床材の位置と大きさ，形状，構造材符号
小屋伏図	1：50，100，200	小屋の構成，梁材の位置と大きさ，形状
軸組図	1：50，100，200	垂直材，横架材，開口部の位置，構造材符号
断面リスト	1：20	柱，梁，床，階段などの断面
架構図	1：20，50	柱，梁などの断面，加工詳細
詳細図	1：10，20	仕口や継手などの接合部分の詳細，加工部分の構造詳細
構造計算書	—	構造設計図の根拠となる計算書

（3）設備図

実施設計図のうち，建物に設けられる設備に関する内容を示した図である。

各設備図に特記事項，工法，材料，メーカー指定などが示された仕様書が添付される。

表3－3　設備図の種類と内容

図面名称	縮尺	内容
電力設備	1：100，200	配線図，電灯設備，動力設備，電気自動車用充電設備，電熱設備
雷保護設備	1：100，200	立面図，配線図
受変電設備	1：100，200	単線接続図，機器仕様・ブロックスケルトン図，配置図・配線図
通信・情報設備	1：100，200	機器仕様，系統図，配線図
火災報知設備	1：100，200	機器仕様，系統図，防火防煙連動表，配線図
空気調和設備	1：100，200	機器表，ダクト系統図，ダクト平面図，配管系統図，配管平面図（空気調和設備，換気設備，排煙設備）
給排水衛生設備	1：100，200	機器表・器具表，配管系統図，配管平面図（衛生器具設備，給水設備，排水設備，給湯設備，ガス設備）
消火設備	1：100，200	機器表，配管系統図，配管平面図（スプリンクラー，屋内消火栓，不活性ガス消火，ハロゲン化物消火等）
浄化槽設備	1：100，200	機器表，平面図
エレベーター設備	1：100，200	仕様表，平面図，出入口立面図，昇降路平面図など

（4）その他の図面

その他の設計図として，既存建物の解体を指示する解体図，建物の建つ土地を整地，整備を示す造成図などがある。

第3章　学習のまとめ

　この章では，建築図面の目的と種類について学んだ。建築図面は目的により，表現内容と表現方法が異なる。目的に合わせた適切な図面を作成しなければならない。また，建物を建設する場合には，実施設計図の種類で学んだように，多種多様な図面が必要となる。

練習問題

次の　　　　　に適切な語句を入れなさい。

（1）図面を描く目的は，①　　　　　，②　　　　　，③　　　　　の3つである。

（2）基本設計図における必要図面として，配置図や④　　　　　，⑤　　　　　，⑥　　　　　，仕上表，敷地求積図，面積表がある。

（3）実施設計図を構成する3つの図面グループは，⑦　　　　　，⑧　　　　　，⑨　　　　　である。

（4）施工の段階で，工場での生産や，現場での施工性を検討するための図面は⑩　　　　　や原寸図である。

Advice　～図面を作成する順番～

基本設計段階において，標準的な木造住宅の意匠図は，配置図→平面図→断面図→立面図の順に作成する。その後，矩計図や平面詳細図などの納まりを含む図面を描き，見積もりに必要となる建具表や展開図を作図していく。敷地や法的な条件によっては，検討や課題解決ができる図面から着手する場合もある。

第4章　建築図面の描き方

建築図面は，表示規則を守り，かつ基本的な描き順と方法に従って完成させる。

本章では，木造建築及び鉄筋コンクリート造建築の平面図，断面図及び立面図の描き方（縮尺が1：100）と，木造建築の矩計図の描き方（縮尺1：30）を学ぶ。

なお，本章で学ぶ図面は，初学者が学習する基礎的な内容を網羅し，2級建築士の製図試験の参考としても使用できるようにまとめているが，関連する法や基準の全てに準拠するものではない。

第1節　製図をはじめる前に

（1）図面を描く順序

各図面の作図にあたっては，全体の骨組みから各部の詳細へと描き進む。

（2）線を描く順序

寸法捨て線※＞下書き線＞太線＞中線＞細線

※ 寸法捨て線は，基準線や寸法線などの下書き線を描くための目印である。下書き線同様に最終的にはいらない線となるので，極細線で描く。

（3）下書き線

実線を描くためには，どこからどこまで引くかの目印が必要になる。その目印として下書き線を描いて線の始まりと終わりを示す交点をつくる。しかし，下書き線自体はいらないものなので必要最小限の範囲にできるだけ薄く（極細線で）描く。

（4）平面図

平面図は，建物の床から1.5m程度の高さで水平に切断し，真上から見た正投影図である。切断される建築部位（切断面からさらに上にある部分）は，柱，壁，建具であり，断面線（太線）で表示する。切断面より下にある腰壁，付帯設備，家具，段差などの床面とレベル差のあるものの外形は，外形線（中線）で表示する。さらにレベル差のほとんどないものの外形や目地，模様は，仕上げ線（細線）で表示する。このように図面は，3次元の空間を太線，中線，細線の線の太さの使い分けによって，平面的な2次元の情報に垂直方向の情報を補足し，作成する。

（5）断面図

断面図は，建物をある平面的な位置で鉛直に切断し，切断面に対して正投影した図である。切断される建築部位は，屋根，壁，天井，床，建具などであり，断面線（太線）で表示する。切断された面から離れた面やものの外形は，外形線（中線）で表示する。同一平面上の目地や模様は細線で表示する。

（6）立面図

立面図は，建物の外観の立面を直立投影面に投影した図である。一般には四面の立面図を必

31

要とし，外観に現れる全てのものを表現するのを原則とするが，一部を省略する場合もある。外壁や屋根の外形は太線で表示し，開口部や庇などは中線で表示する。また，地盤面は太線よりも太く表示する。目地などのレベル差の小さい部材の外形や模様を示す仕上げ線は細線で表示する。

（7）矩計図

　矩計図は，建物の構造上重要となる部分を鉛直に切断し，納まりや寸法，部材などを細かく記入した詳細な断面図である。建物の高さ，各階の床高さ，基礎や天井裏など各部分の寸法と材料や下地の種類などが記載され，1：20〜1：50の縮尺で描かれることが多い。建物の基本的な性能や仕様が把握できるため，建物を施工する上で重要な図面の一つである。

第2節　木造建築の製図

　本節では，我が国で最も一般的な構法の1つである**木造在来軸組構法**（土台，柱，胴差，桁，梁，筋かいなどの軸材によって建物の骨組みをつくり支える構法）の住宅の基本的な図面の描き方について学ぶ。

モジュール（基準単位寸法）

　木造在来軸組構法では，平面的な大きさの基準寸法単位として，一般的に柱間の中心距離を約910mm（3尺＝909mm）の倍数として用いることが多い。例えば，たたみ1畳の大きさは910×1,820〔mm〕で表す。

2.1 平面図（配置図兼1階平面図）の描き方

2階及び3階平面図については，完成図のみの掲載とし，手順は省略する。手順については，配置図兼1階平面図の手順を参考に作図されたい。2階および3階平面図にのみ該当する記載内容は，その都度手順に記載する。

プロセス1　敷地境界線，基準線などを描く

①　上を北にして，図面の配置を決める。

②　道路境界線を太い一点鎖線で描く。

③　隣地境界線を太い一点鎖線で描く。

④　四隅を丸（直径2mm）で押さえる。

⑤　外壁と内壁の基準線（通り芯）を細い一点鎖線で描く。

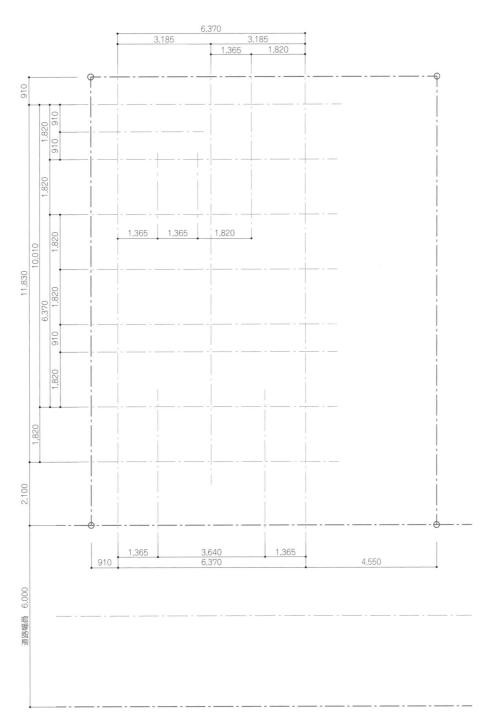

図4-1　配置図兼1階平面図の描き方-1（80%縮小）

33

プロセス2　柱・壁の下書きを描く

① 壁厚の下書き（基準線から両側に 60mm の位置）を極細線で描く。

② 開口部の柱心を細い一点鎖線で描く。

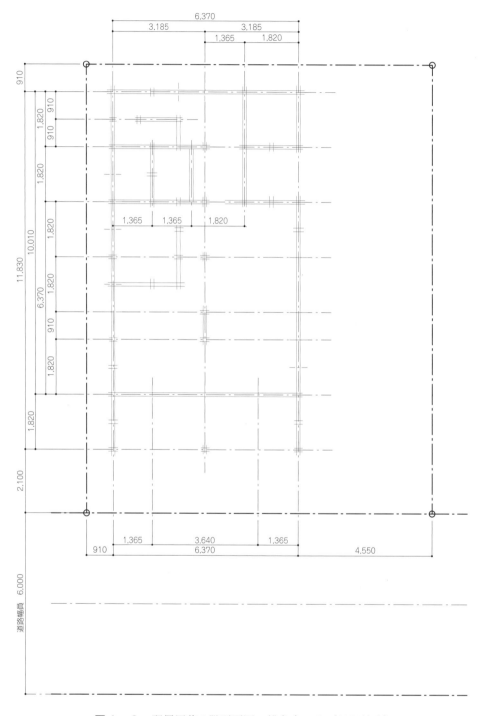

図4－2　配置図兼1階平面図の描き方－2（80％縮小）

Advice	～壁厚について～

手描き製図の場合，引違窓を適切に描くために，壁厚 150 ～ 180（基準線から両側に 75 ～ 90）mm で描くことも多い。
縮尺 1：100 では，一定の壁厚で描くように注意する。

プロセス3　柱を描く

① 柱位置を太線で描く。

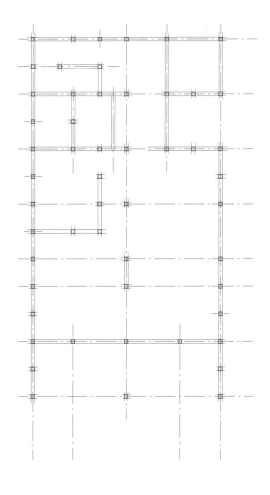

図4－3　配置図兼1階平面図の描き方－3（80％縮小）

プロセス4　開口部・壁を描く

① 　開口部の中心線を細線で描く。

② 　壁を太線で描く。

③ 　畳寄せを中線で描く（3階和室）。

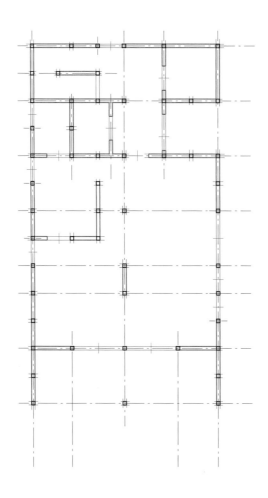

図4－4　配置図兼1階平面図の描き方－4　（80％縮小）

プロセス5　建具を描く

①　建具の開口部寸法を決める。
②　建具枠等，見え掛り部を中線で描く。

③　建具の断面を太線で描く。
④　建具の回転軌跡を細線で描く。

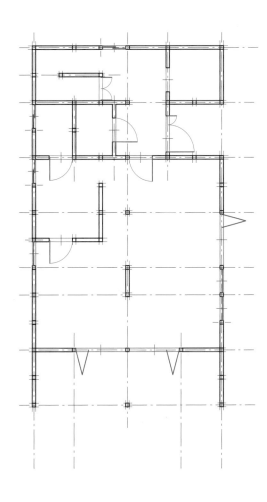

図4-5　配置図兼1階平面図の描き方-5（80%縮小）

プロセス6　階段等を描く

① 階段の踏面を割り付けて中線で描き，手すりを中線で描く。

② 上がる方向を表す矢線を細線で描く。

③ 玄関ポーチ等，段差部分の見え掛り部を中線で描く。

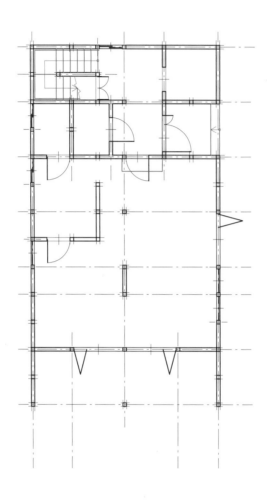

図4－6　配置図兼1階平面図の描き方－6　（80％縮小）

プロセス7　付帯設備・家具を描く

①　水回り等の付帯設備や造り付け家具を中線で描く。
②　移動家具や機器などを中線の破線で描く。

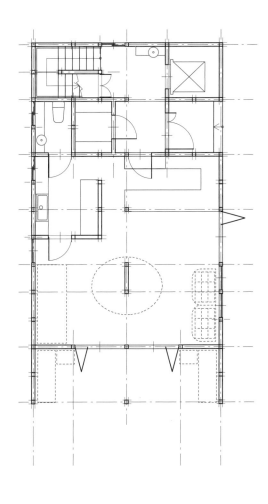

図4－7　配置図兼1階平面図の描き方－7　（80％縮小）

プロセス8　外構・仕上げ目地を描く

① 　外構のフェンスを細線で描く。

② 　駐車スペース，移動家具を中線の破線で描き，門扉を中線で描く。

③ 　床の仕上げ材，目地のハッチを細線で描く。

④ 　2階平面図では，窓庇等を中線で描く。

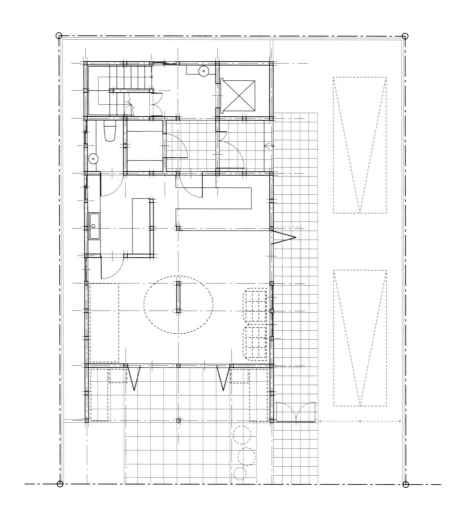

図4－8　配置図兼1階平面図の描き方－8　（80％縮小）

プロセス9　寸法線などを描く

① 寸法引出線，寸法線を細線で描く。
② 寸法引出線と寸法線の交点に黒丸を描く。
③ 寸法線の中央に寸法を記入する。
④ 通り符号を記入する。

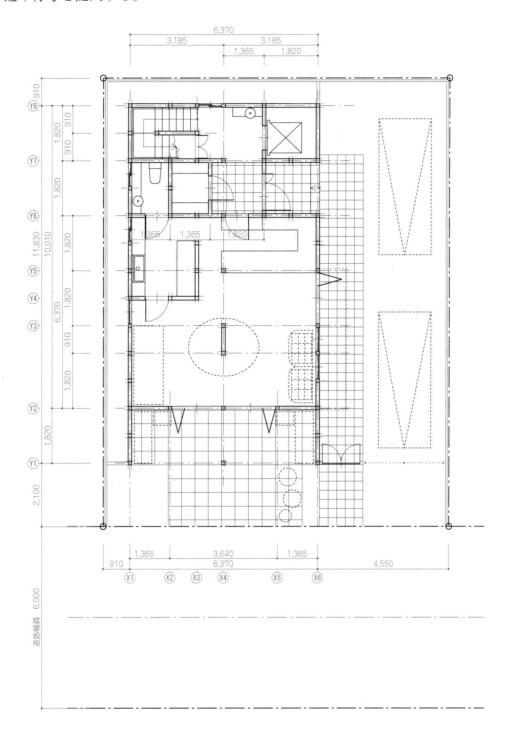

図4−9　配置図兼1階平面図の描き方−9（80％縮小）

プロセス10　出入口・植栽などを描く

① 出入口，筋かい等の印を描く。

② 断面図と矩計図の切断位置を細い一点鎖線で描く。

③ 植栽等を細線で描く。

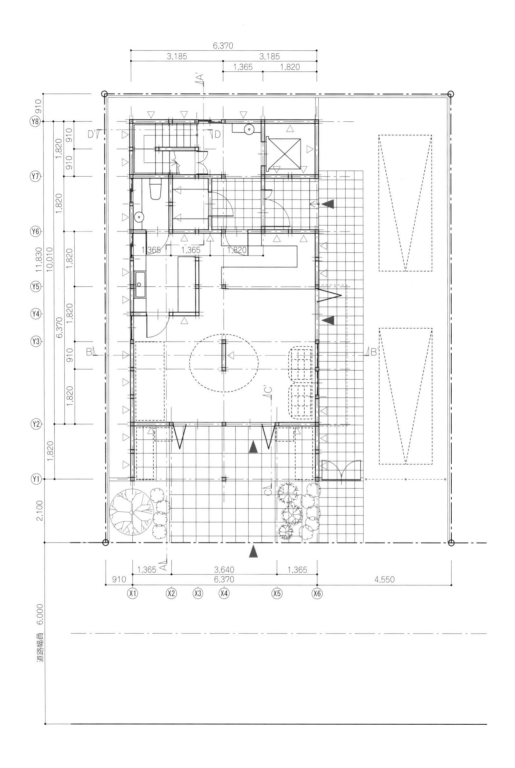

図4−10　配置図兼1階平面図の描き方−10（80％縮小）

プロセス11　室名・図面名を記入する

① 室名等を記入する。

② 図面名，縮尺，方位，境界線種別などを記入する。

③ 前面道路を記入する。

④ 地形の高低差を記入する。

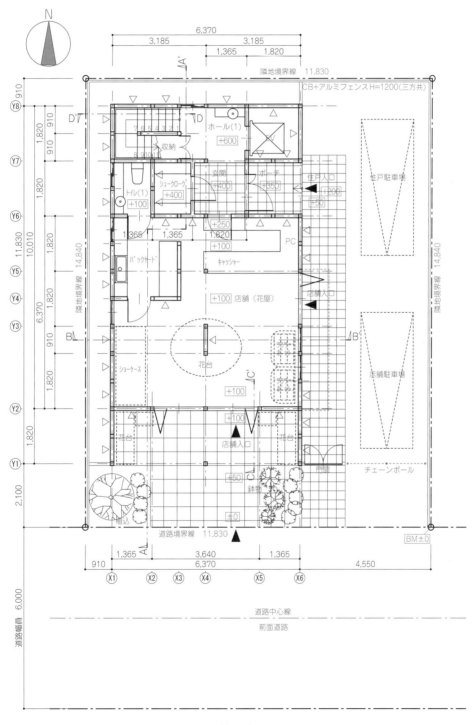

配置図兼1階平面図　1:100

図4-11　完成図-1（80%縮小）

図4－12に2階及び3階平面図の完成図を示す。

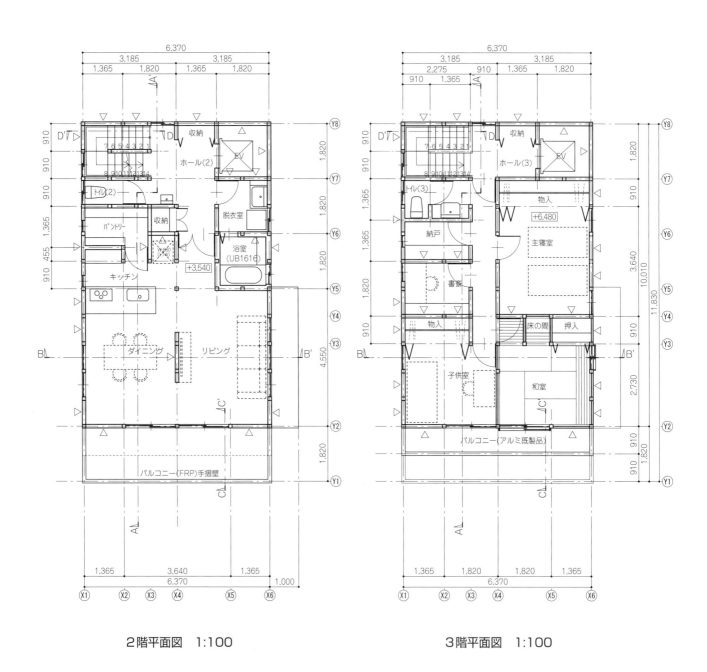

2階平面図　1:100　　　　　3階平面図　1:100

図4－12　完成図－2（80％縮小）

2.2 断面図（A−A'断面図）の描き方

プロセス1 基準線を描く

① 図面の配置を決める。

② 柱・壁の中心線（通り芯）を細い一点鎖線で描く。

③ 高さの基準線（地盤面・床高・軒高）の下書き線を極細線で描く。

④ 勾配定規をセットして，屋根勾配の下書きを極細線で描く。（外壁の中心線と軒高の線との交点を基準とする。）

⑤ 軒の出の下書きを極細線で描く。

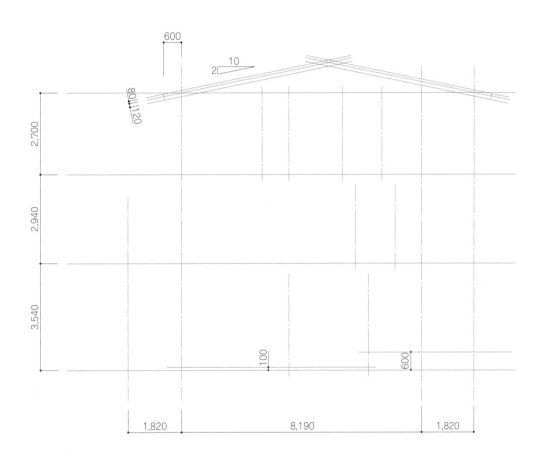

図4−13　断面図の描き方−1 （80％縮小）

プロセス2　下書きを描く

① 屋根材・外壁材・内壁材の厚みを考慮して，仕上げの下書きを極細線で描く。
② 天井高や建具の下書きを極細線で描く。

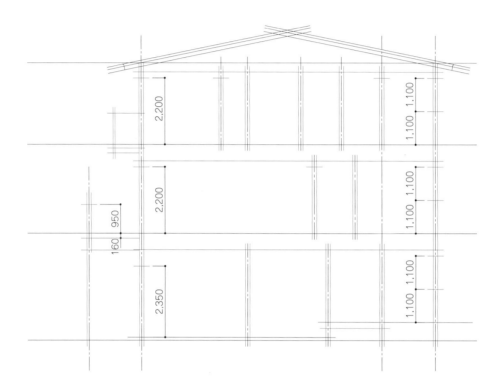

図4－14　断面図の描き方－2　（80％縮小）

プロセス3　断面を描く

① 下書きした屋根，天井，壁，床，建具などの断面を太線で描く。

② 地盤面（GL）を太線よりも太い線で描く（建物内部は細い一点鎖線）。

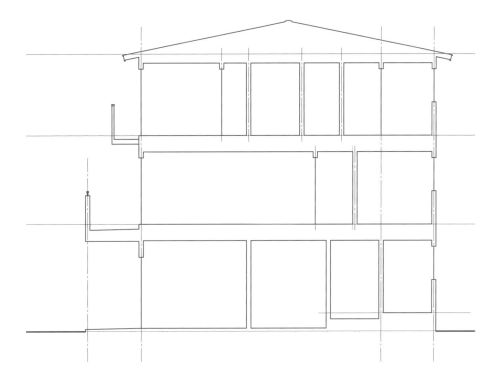

図4-15　断面図の描き方-3（80％縮小）

プロセス4　外形を描く

① 店舗入り口部の壁，バルコニーの正面壁などの外形を中線で描く。
② 建具，付帯設備などの展開を中線で描く。
③ 建具の開閉方式を細線で描く。

図4－16　断面図の描き方－4（80％縮小）

プロセス5　文字，寸法線などを描く

① 寸法引出線，寸法線を細線で描く。
② 寸法引出線と寸法線の交点に黒丸を描く。
③ 寸法，通り符号を記入する。
④ 屋根勾配表示を記入する。
⑤ 基準高（GL・FL・軒高，最高の高さ）を▽マーク含めて記入する。
⑥ 境界線を細い一点鎖線で描く。
⑦ 室名，図面名，縮尺を記入する。

A−A' 断面図　1:100

図4−17　完成図（80％縮小）

2.3 立面図（東側立面図）の描き方

プロセス1 基準線を描く

① 図面の配置を決める。

② 地盤面（GL）を太線よりも太い線で描く。

③ 外壁の中心線を細い一点鎖線で描く。

④ 軒高及び床高（FL）の下書きを極細線で描く。

⑤ 勾配定規をセットして，屋根勾配の下書きを極細線で描く。（外壁の中心線と軒高の線との交点を基準とする。なお勾配表示は以降に描く必要はない。）

⑥ 軒の出の下書きを極細線で描く。

⑦ 建具の幅（柱の中心線）・内法高の下書きを極細線で描く。

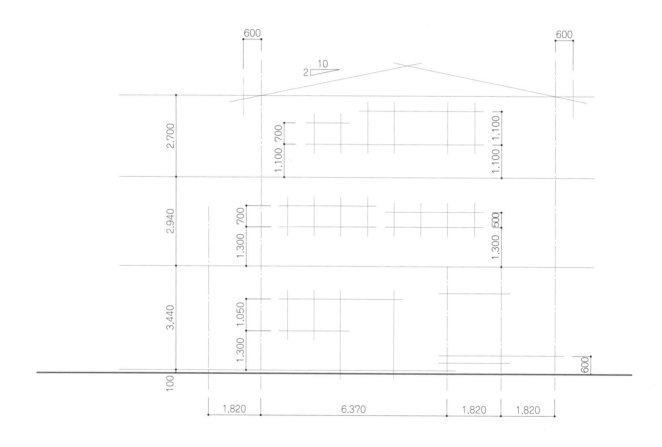

図4-18　立面図の描き方-1 （80％縮小）

プロセス2　外形線の下書きを描く

①　屋根材及び外壁材の厚みを考慮して，仕上げの下書きを極細線で描く。

②　バルコニー・庇・玄関ポーチ等の下書きを極細線で描く。

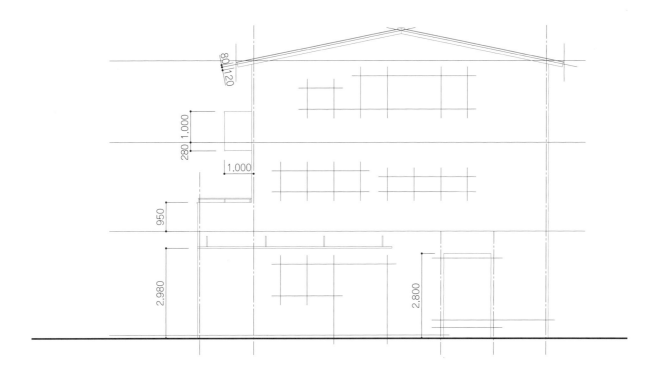

図4－19　立面図の描き方－2（80％縮小）

プロセス3　外形線を描く

① 屋根・外壁・バルコニー・玄関ポーチなどの外形線を太線で描く。

② 建具・庇・土台水切などの外形線を中線で描く。

③ 建具の開閉方式・外壁の仕上げ材の目地（ハッチ）を細線で描く。

図4-20　立面図の描き方-3（80%縮小）

プロセス4　文字，寸法などを記入する

① 基準高（GL・FL・軒高，最高の高さ）を▽マーク含めて記入する。
② 寸法，通り符号を記入する。
③ 境界線を細い一点鎖線で描く。
④ 図面名，縮尺を記入する。このほかに，主要な部位の仕上材料名を記入することがある。

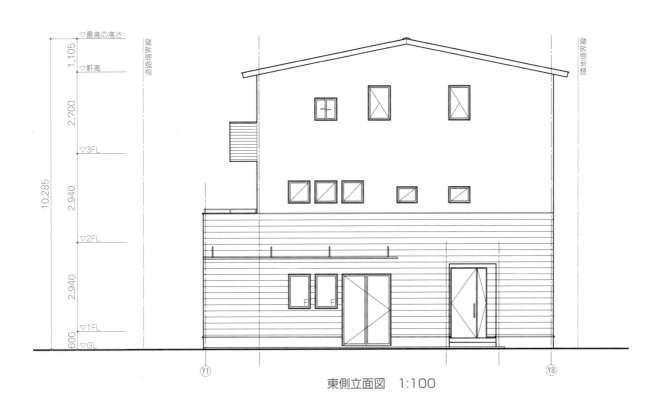

東側立面図　1:100

図4-21　完成図（80％縮小）

2.4　矩計図の描き方

本手順では，一般的な矩計図の描き方を説明する。プロセス図は，店舗部（C－C′）のみを示す。

プロセス1　基準線を描く

① 地盤面（GL）の下書きを極細線で描く。

② 柱の中心線の下書きを極細線で描く。

③ 基準高（FL，軒高，天井高）の下書きを極細線で描く。

④ 床束*，母屋などの中心線の下書きを極細線で描く。

⑤ 作図範囲の線の下書きを極細線で描く（Y2通り柱心より1,000mm以上の位置とする）。

⑥ 屋根勾配の下書きを極細線で描く。

⑦ 柱，床束*，小屋束の幅の下書きを極細線で描く。

⑧ 構造部材（胴差，受梁，軒桁等）の断面の下書きを極細線で描く。

⑨ 開口部及びバルコニーの高さの下書きを極細線で描く。

⑩ 基礎幅*及び基礎廻り（砕石，捨てコンクリート）の下書きを極細線で描く。

⑪ 軒の出の下書きを極細線で描く。

*：店舗部では作図しないが，一般部（D－D′）の作図には含まれる手順。

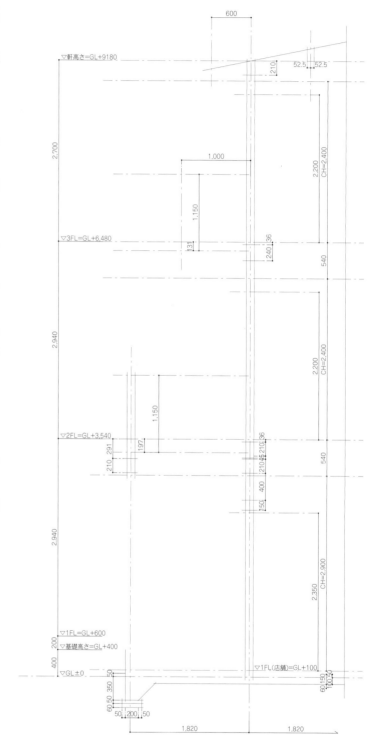

図4－22　矩計図の描き方－1（53％縮小）

プロセス2　屋根・天井・壁・床・建具などの下書きを描く

①　次の部位の下書きを極細線で
描く。
・床仕上げ厚さ
・根太の高さ
・天井仕上げ厚さ，野縁の高さ
・屋根の仕上げ，野地板
・窓まぐさ（窓台）

②　外壁の仕上げ，内壁下地・仕
上げの下書きを極細線で描く。

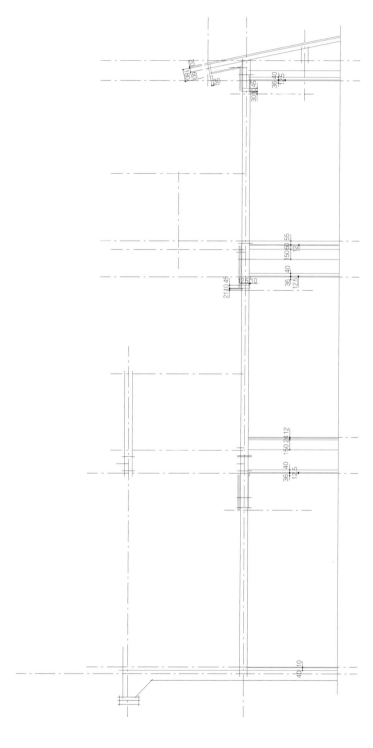

図4－23　矩計図の描き方－2（53％縮小）

プロセス3　各部位の詳細を仕上げる1

① 各部位（基礎廻り，母屋，開口部廻り）の断面を太線で描く。

② 下書き線で描いた柱の見え掛かりを細線で，主要構造部（土台，胴差し，軒桁など）の断面を太線で描く。

③ 地盤面（GL）を太線で描く（建物内部は細い一点鎖線）。

④ サッシ廻りの断面を太線で描く。

⑤ バルコニーの断面を太線で描く。

⑥ 根太の位置を下書き線で入れ，根太の見え掛かり線を中線で描く。

⑦ 野縁の位置を下書き線で入れ，野縁の断面を太線で描く。

⑧ 内壁の下地，仕上げ線を太線で描く。

⑨ 床梁，小屋梁の見え掛かりを中線で描く。

⑩ 野縁，小屋束の見え掛かりを中線で描く。

⑪ 各部材の断面表示を記入する。

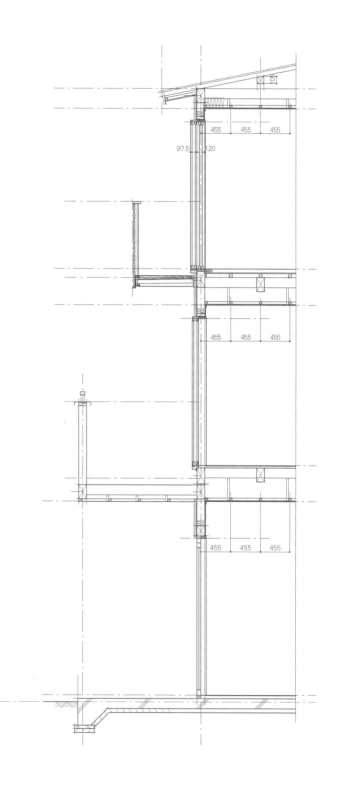

図4-24　矩計図の描き方-3（53%縮小）

Advice　～省エネルギー基準～

建築物省エネ法が改正され，2025年4月より原則すべての建築物について，省エネ基準への適合が義務付けられた。省エネ基準は地域区分によって異なるため，本章では，省エネ仕様を除く書き方手順を説明している。

プロセス4　各部位の詳細を仕上げる2

① 軒先，屋根部分の断面を太線で描く。

② 外壁の仕上げ線を太線で描き，下地の構造用合板を中線で描く。

③ 外壁・バルコニーの見え掛かりを中線で描く。

④ 金物類を中線で描く。

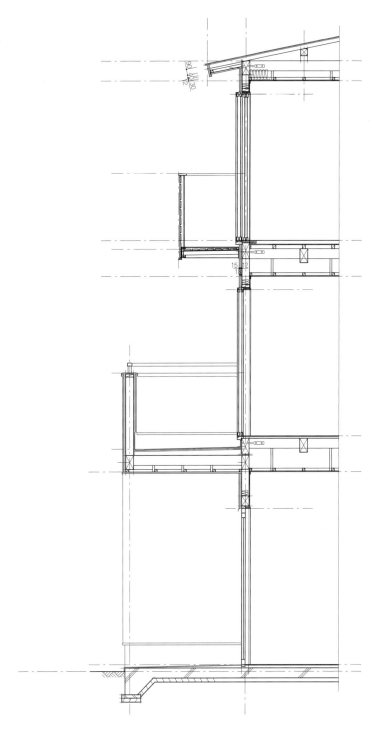

図4−25　矩計図の描き方−4（53％縮小）

プロセス5　記号・寸法・室名・部材名称を記入する

① 寸法線を細線で描く。

② 仕上げ表示を記入するための引出線を細線で描く。

③ 屋根勾配表示を記入する。

④ 基準線を細い一点鎖線で描き，基準高（GL・FL・軒高）を▽マーク含めて記入する。

⑤ 通り芯を細い一点鎖線で描き，通り符号を記入する。

⑥ 寸法，室名，図面名，縮尺を記入する。

⑦ 部材の名称・寸法を記入する。

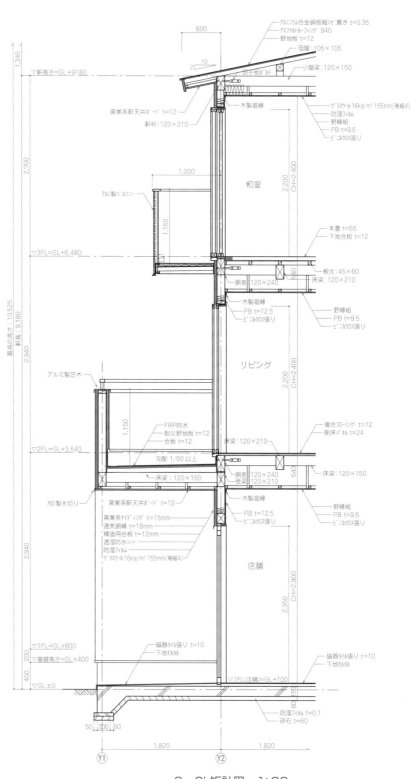

C-C' 矩計図　1:30

図4-26　完成図（53%縮小）

図4－27に一般部（D－D'）の完成図を示す。

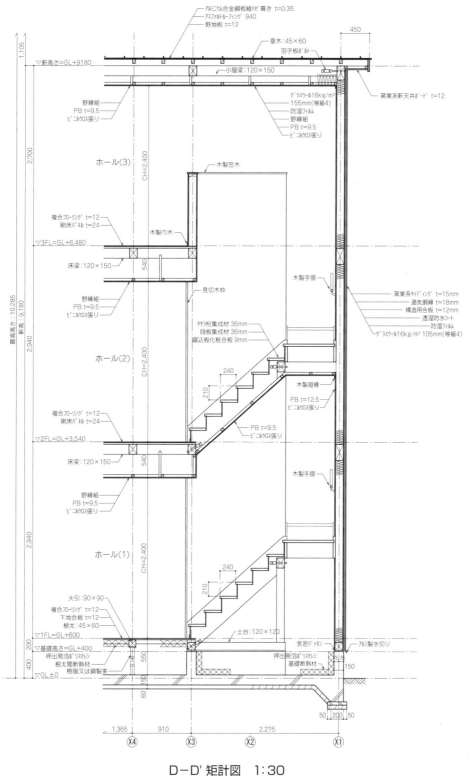

D－D' 矩計図　1：30

図4－27　完成図－2（53％縮小）

第3節　鉄筋コンクリート造（RC造）建築の製図

本節では，鉄筋コンクリート造建築（ラーメン構造）の基本的な図面の描き方を学ぶ。

3.1　平面図（配置図兼1階平面図）の描き方

鉄筋コンクリート造の平面図は，木造の図面と同様に描くが，柱，梁などの躯体と一体構造の鉄筋コンクリートの壁と，それ以外の壁（鋼製，木製，コンクリートブロック製等）との違いが分かるように描く。具体的には，地震力を負担する「耐震壁」や鉄筋コンクリート製の間仕切壁は柱，梁などの躯体と一体構造として描く。一方，鋼製，木製，コンクリートブロック製等の間仕切壁が鉄筋コンクリートの躯体（柱，梁，壁）と接する場合には，両者は一体構造として描かない。そのほか，階段やエレベーターシャフト等吹抜け部分の梁形，パイプシャフト（PS）などを描く。

なお，地震力を負担する耐震壁に対して，地震力を負担しない壁は「非耐震壁」と呼ばれ，帳壁，間仕切壁，雑壁（腰壁，垂れ壁，袖壁）のことをいう。

2階及び3階平面図については，完成図のみの掲載とし，手順は省略する。手順については，配置図兼1階平面図の手順を参考に作図されたい。2階および3階平面図にのみ該当する記載内容は，その都度手順に記載する。

プロセス1　基準線（壁，柱の中心線）を描く

① 上を北にして，図面の配置を決める。
② 道路境界線を太い一点鎖線で描く。
③ 隣地境界線を太い一点鎖線で描く
④ 四隅を丸（直径2mm）で押さえる。
⑤ 外壁，内壁，柱の中心線を細い一点鎖線で描く。

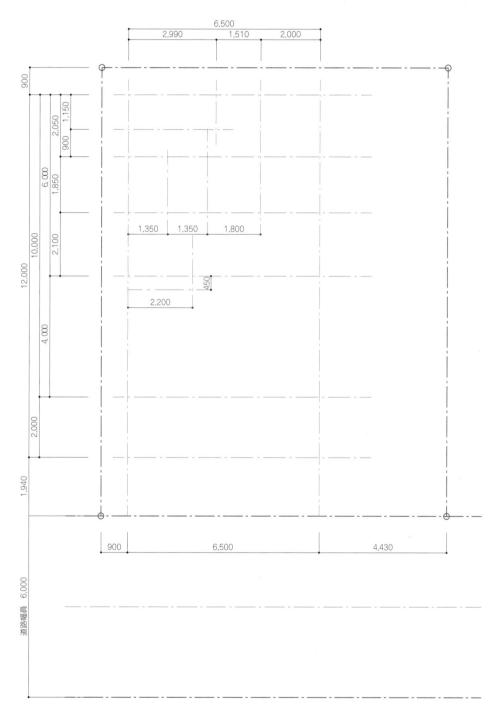

図4－28　1階平面図の描き方－1　（80％縮小）

プロセス2　構造体（柱，壁）の下書きを描く

① 柱（600mm × 600mm）の下書き（外壁の中心線から外側に75mm 内側に525mm）を極細線で描く。

② 外壁と階段のRC壁150mm（中心線から両側に75mm）の下書きを極細線で描く。

③ 間仕切壁130mmの下書き（中心線から両側に65mm）を極細線で描く。

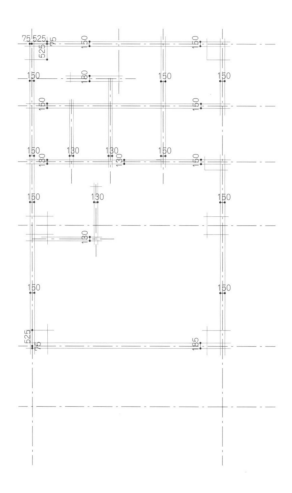

図4−29　1階平面図の描き方−2（80％縮小）

プロセス3　開口部の下書きを描く

①　建具の開口部寸法を決め，窓，出入口の下書きを極細線で描く。

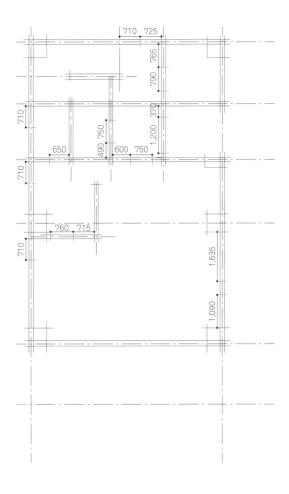

図4−30　1階平面図の描き方−3（80％縮小）

プロセス4 柱，壁を描く

① 柱，RC造壁，間仕切壁を太線で描く。

RC造壁，間仕切壁どうしは一体で描き，非RC造の間仕切壁とRC造壁が接する部分は一体とはせず，縁を切る（RC造壁勝ちの表現とする）。

② 畳寄せを中線で描く（3階和室）。

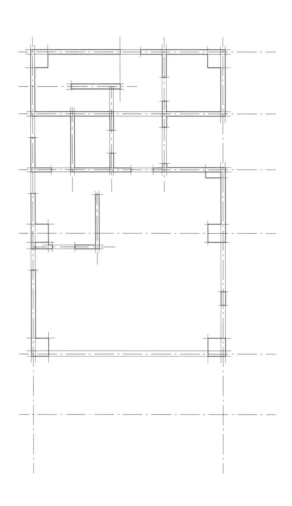

図4−31　1階平面図の描き方−4（80%縮小）

Advice	～RC造壁の表現～

柱と外壁の取り合い部分は，柱を矩形（四角）で描かずに，外壁と一体で描く。柱を矩形で描くと，打ち継ぎと捉えられてしまう。同様に，外壁とRC造の間仕切壁も一体で描く。一方，RC造以外（LGS，木材，CBなど）の間仕切壁とRC造壁は一体とはせずに縁を切る。

プロセス5　建具を描く

①　建具の断面（引き違い，はめ殺し，その他）を太線で描く。

②　窓枠を中線で描く。

③　開口部の中心線，開きドアの回転軌跡を細線で描く。

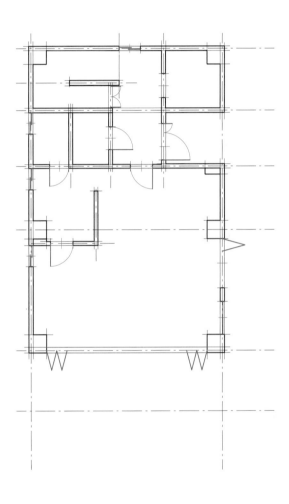

図4−32　1階平面図の描き方−5（80％縮小）

プロセス6　階段，設備，家具などを描く

① 階段の踏面を等間隔で割付け，手すり，梁形を中線で描く。

② 上がる方向を表す矢線を細線で描く。

③ トイレ便器，手洗い器，水回り付帯設備，造り付け家具などを中線で描く。

④ エレベーターシャフトの梁形，エレベーターを中線で描く。

⑤ 外構のフェンスを細線で描く。

⑥ 駐車スペース，移動家具，機器を中線の破線で描き，門扉を中線で描く。

⑦ 床の仕上げ材，目地のハッチ，植栽などを細線で描く。

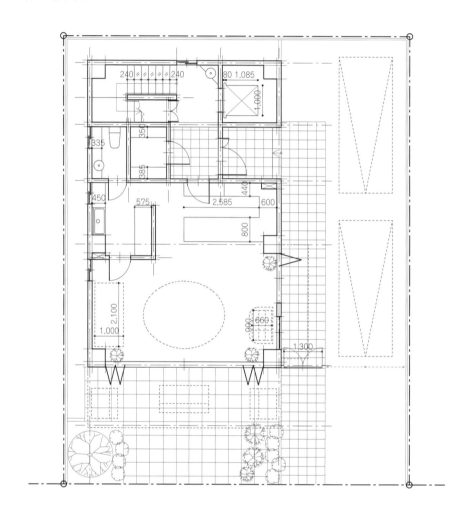

図4−33　1階平面図の描き方−6（80％縮小）

Advice　〜梁形〜

階段やエレベーターシャフト内の梁形は，最下階においては，一般的に見えないので，表現しないように注意する。

プロセス7　寸法線，室名，図面名を記入する

① 寸法引出線，寸法線を細線で描き，寸法引出線と寸法線の交点に黒丸を描く。
② 出入口の表示を描く。
③ 断面図と矩計図の切断位置を細い一点鎖線で描く。
④ 室名，図面名，縮尺，通り符号を記入する。

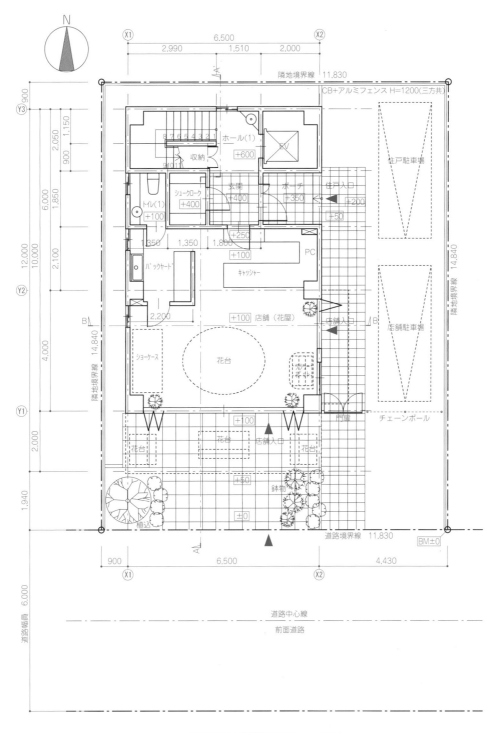

配置図兼1階平面図　1:100

図4-34　完成図-1（80%縮小）

図4－35に２階及び３階平面図の完成図を示す。

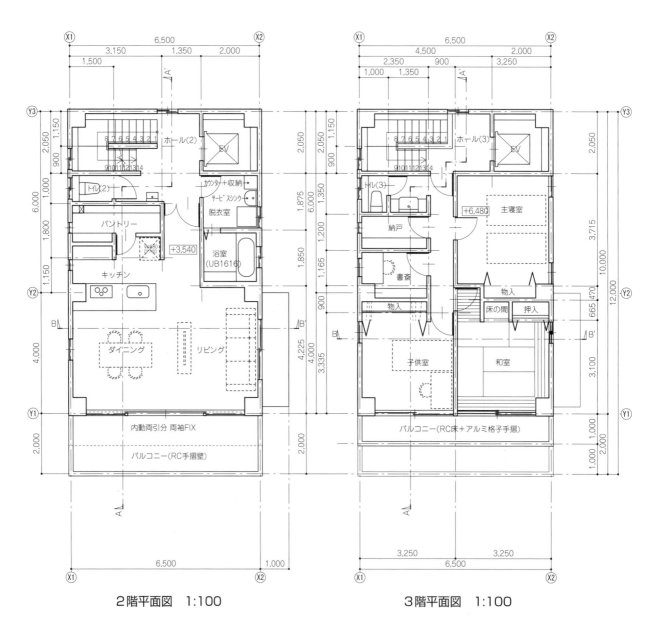

２階平面図　1:100　　　　　３階平面図　1:100

図4－35　完成図－2（80％縮小）

3.2 断面図（A－A′断面図）の描き方

鉄筋コンクリート造の断面図は，木造の図面と同様に描く。描き表す項目は，木造の項目以外に，梁形，床スラブ，パラペット，基礎などである。

プロセス1 基準線（壁，柱の中心線）を描く

① 図面の配置を決める。

② 高さの基準線（地盤面・床高・最高の高さ），バルコニー床，基礎耐圧盤上端を細い一点鎖線で描く。

③ 外壁，内壁，柱の中心線を細い一点鎖線で描く。

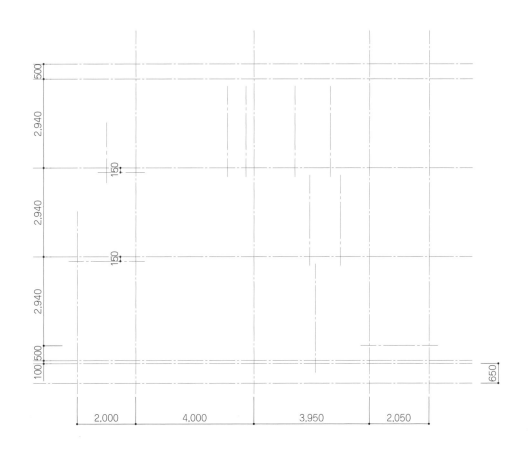

図4－36　断面図の描き方－1 （80％縮小）

プロセス2　壁・床・天井の下書きを描く

① 　外壁，内壁のRC造の下書き（中心線から両側に75mm）を極細線で描く。

② 　内壁の間仕切壁の下書き（中心線から両側に45mm）を極細線で描く。

③ 　床の下書き（各階の仕上げ線から150mm）を極細線で描く。

④ 　梁形の下書きを極細線で描く。

⑤ 　天井高の下書きを極細線で描く。

⑥ 　屋上防水仕上げの下書きを極細線で描く。

⑦ 　1階住宅部分の床断面の下書きを極細線で描く。

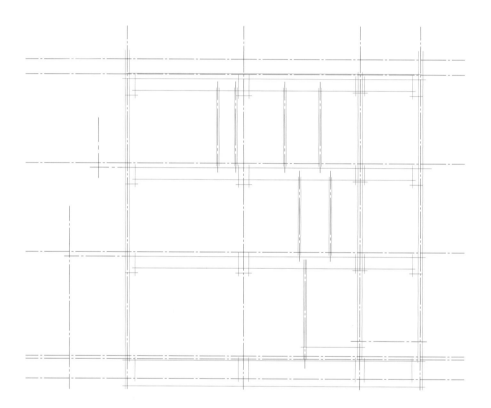

図4−37　断面図の描き方−2（80％縮小）

プロセス3　パラペット，バルコニー，開口部の下書きを描く

① 　パラペット断面の下書きを極細線で描く。

② 　バルコニーの床部分の下書きを極細線で描く。

③ 　バルコニー手すりの下書きを極細線で描く。

④ 　外壁の開口部サッシの高さの下書きを極細線で描く。

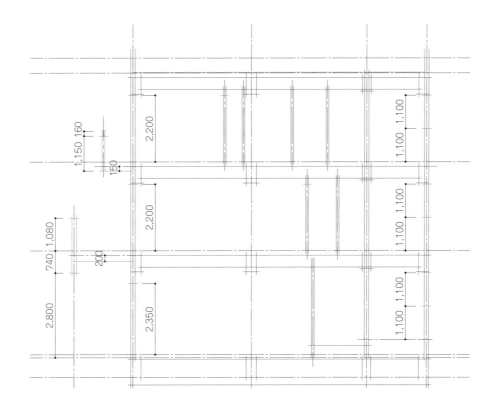

図4−38　断面図の描き方−3（80％縮小）

プロセス4　屋根・天井・壁・床・建具などの断面を描く

① 屋根・天井・壁・床，パラペットなどを太線で描く。

② 建具断面を太線で描き，建具枠を中線で描く。

③ 地盤面（GL）を太線より太い線で描く（建物内部は細い一点鎖線）。

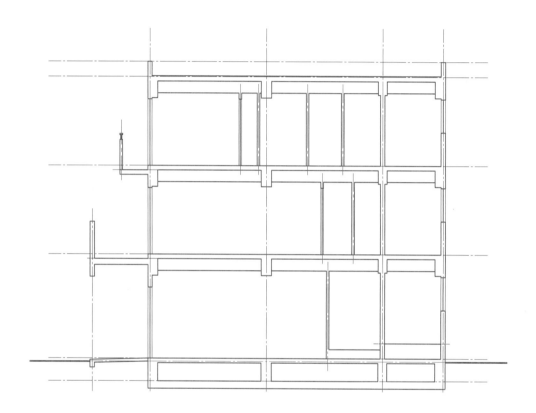

図4−39　断面図の描き方−4（80％縮小）

プロセス5　壁面の姿を描く

① パラペット，バルコニーの姿として見える線を中線で描く。
② 柱や壁の展開を中線で描く。
③ 建具の展開を中線で，開閉方式を細線で描く。

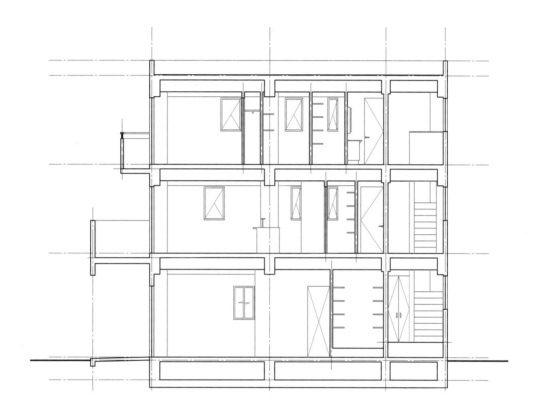

図4－40　断面図の描き方－5　（80％縮小）

プロセス6　文字，寸法線などを描く

① 寸法引出線，寸法線を細線で描く。

② 寸法引出線と寸法線の交点に黒丸を描く。

③ 寸法，通り符号を記入する。

④ 基準高（GL・FL・RSL，最高の高さ）を▽マーク含めて記入する。

⑤ 境界線を細い一点鎖線で描く。

⑥ 室名，図面名，縮尺を記入する。

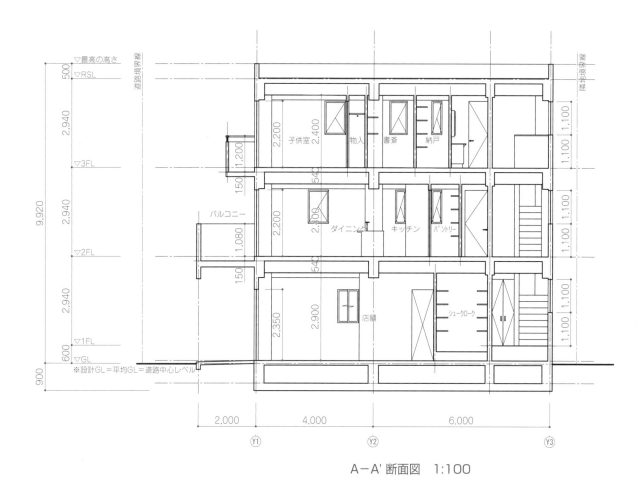

A−A' 断面図　1:100

図4−41　完成図（80％縮小）

3.3　立面図（東側立面図）の描き方

　鉄筋コンクリート造の立面図は，木造の図面と同様に描く。描き表す項目は，木造の項目以外に，各階のコンクリート打継ぎ目地，3階以上は非常用進入口に替わる窓である。

プロセス1　基準線と構造体，開口部などの下書きを描く

① 図面の配置を決める。
② 地盤面（GL）を太線よりも太い線で描く。
③ 高さの基準線（床高・最高の高さ）を細い一点鎖線で描く。
④ 外壁の中心線を細い一点鎖線で描く。

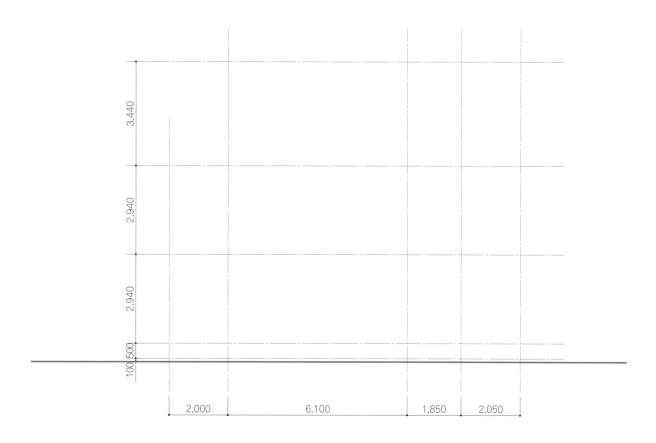

図4-42　立面図の描き方-1　（80％縮小）

プロセス2　外形線・建具の下書きを描く

① 両端の中心線から壁の厚さ（75mm）の下書きを外側に極細線で描く。

② バルコニー・庇・玄関ポーチ等，外形の下書きを極細線で描く。

③ 建具の内法幅と内法高さの下書きを極細線で描く。

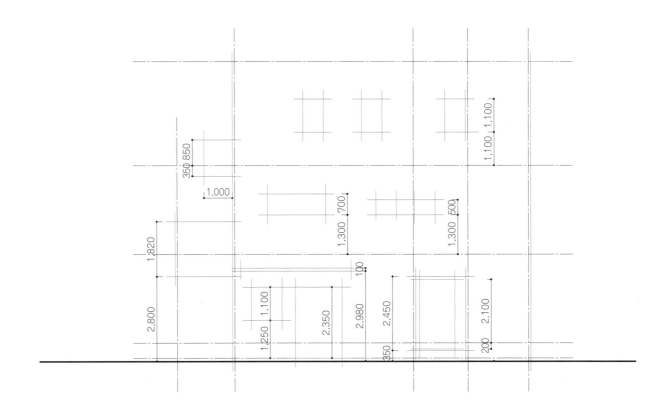

図4－43　立面図の描き方－2（80％縮小）

プロセス3　外形線・建具を描く

① 屋根（パラペット天端）・外壁・バルコニー・玄関ポーチなどの外形線を太線で描く。
② 建具・庇・手すりなどの外形線を中線で描く。
③ 建具の開閉方式を細線で描く。

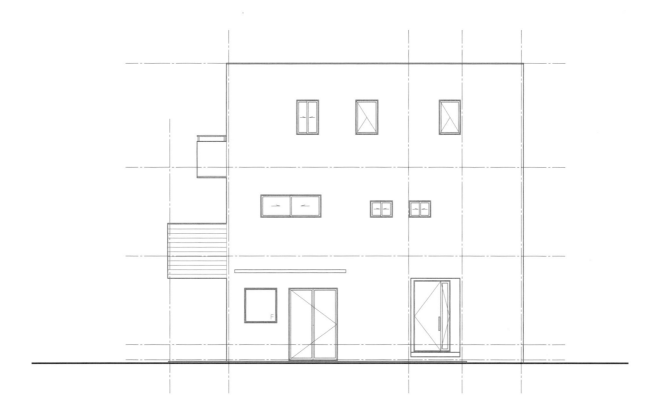

図4−44　立面図の描き方−3（80％縮小）

プロセス4 文字，寸法などを記入する

① 基準高（GL・FL・軒高，最高の高さ）を▽マーク含めて記入する。

② 寸法，通り符号を記入する。

③ 境界線を細い一点鎖線で描く。

④ 図面名，縮尺を記入する。このほかに，主要な部位の仕上材料名を記入することがある。

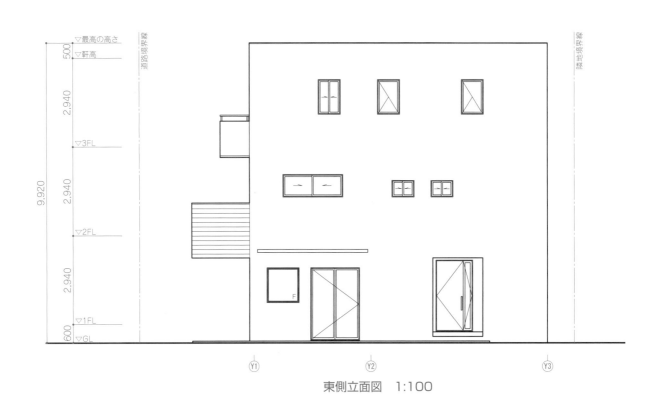

東側立面図　1:100

図4－45　完成図（80％縮小）

第4章　学習のまとめ

　この章では，各種図面の作成プロセスに従って，実際に手描きで図面を描くことを学んだ。また，使用するモジュールや構造材のサイズ，躯体表現などが構造によって異なることを学習した。

練習問題

次の　　　　　に適切な語句を入れなさい。

（1）平面図は，床面から①　　　　　m 前後で水平に切断し，真上からみた水平投影図である。

（2）線を描く順序は，骨組みから各部の②　　　　　へと描き進む。

（3）図面を描くときの目印として描く③　　　　　は，必要最低限の範囲にできるだけ薄く描く。

（4）建物をある平面的な位置で鉛直に切断し，切断面に対して正投影した図を④　　　　　という。

（5）建物の外観を直立投影面で投影した⑤　　　　　は，一般的に建物外観の4面を必要とし，外観に現れるものを全て表現する。

（6）矩計図は，建物の構造上重要となる部分を鉛直に切断し，建物の高さ，各階の床高さ，基礎や天井裏など各部分の⑥　　　　　と⑦　　　　　や下地の種類などが記載される。

本章では，透視図の基本である一消点と二消点の足線法による描き方と，その応用として切妻屋根の描き方を学ぶ。図5－1に透視図法の概略と用語を示す。

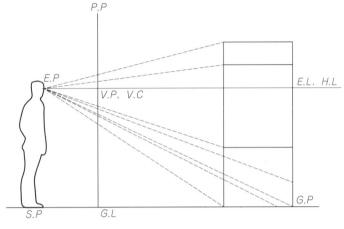

E.L (Eye Level)：目の高さ	
H.L (Horizontal Line)：水平線・地平線（*E.L*と同じ高さ）	
E.P (Eye Point)：目の位置	
V.P (Vanishing Point)：消点　二消点2つ，三消点3つ	
V.C (Visual Center)：視野の中心	
S.P (Standing Point)：人が立っている位置	
P.P (Picture Plane)：透視図が描かれる画面	
G.L (Ground Line)：基線	
G.P (Ground Plane)：立っている面	

図5－1　透視図法の概略と用語

第1節　一消点透視図の描き方　（内観の透視図に多く用いられる）

プロセス1　作図前の準備

① 平面図の下方に P.P を定め，P.P で切断した位置の断面図を平面図の下に描く。
② S.P を平面図との距離・見え方を考え設定する。
③ 目線の高さを F.L（Floor Level：床高）から約1.5 m とし，E.L を設定する。
④ S.P より垂線を上方に引き，E.L との交点を V.P とする。

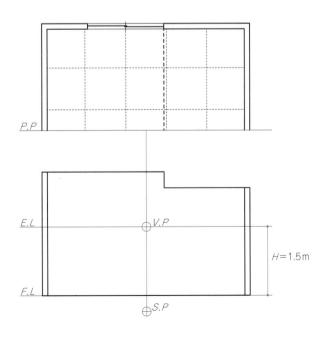

図5－2　視点，消点の描き方

プロセス2　奥行きを描く

① 断面図の隅角部 D_1, D_2 と V.P を結ぶ。このような各点と V.P を結ぶ線をパースラインと呼ぶ。

② 平面図の A から S.P に足線を引き，P.P との交点 A_1 から垂線を断面図に下ろし，パースラインとの交点 A_2 と A_3 を求める。

③ 交点を結び，左奥の壁の天地を求める。

④ 同様に B，C を描き，天井，壁，床の奥行きを求める。

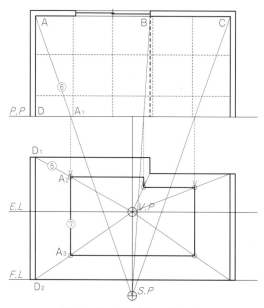

図5-3　奥行きの描き方

プロセス3　開口部の描き方

① 開口部の位置を求めるために，平面図の開口部から S.P に足線を引き，P.P との交点から垂線を断面図に下ろす。

② 開口部の高さを求めるために，断面図に開口部の高さ H をとり，V.P と結ぶ。

③ H と V.P を結ぶ線と隅角部 A との交点 H_1 から水平線を引き，P.P からの垂線との交点 H_2 を結び，開口部を描く。

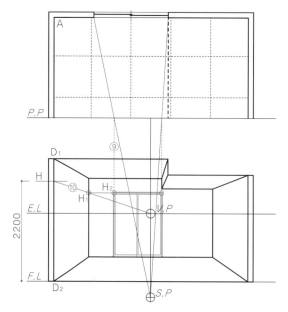

図5-4　開口部の描き方

プロセス4　室内の細部を描き，仕上げる

①　建具や照明，幅木などの室内の細部を描く。

②　フローリングの目地の全てを作図で求めるのは難しいので，バランスを考えながら割付けて描く。

③　人物を描く場合は，E.L に人物の目の位置を揃えて描く。

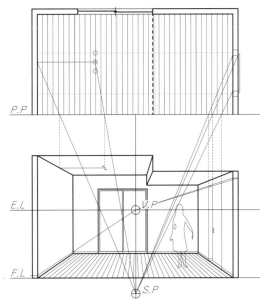

図5－5　室内細部の描き込み

Advice	～内法高・開口高さ～

内法高とは，敷居の上端から鴨居の下端までの距離である。通行可能な寸法とし，1800mm とすることが多かったが，近年では，平均身長の上昇や洋室が多いので 2000mm・2200mm とすることが一般的である。

開口高さとは，建具枠を含めた高さのことで，内法高より大きくなる。RC 造の耐力壁に窓などを設ける場合，開口高さを図面に明記する。

第2節　二消点透視図の描き方　　（外観の透視図に多く用いられる）

プロセス1　作図前の準備

① 平面図を P.P に任意の角度で配置する（一般的には 60°及び 30°を用いる）。

② S.P を決め，α の角度で左上方に伸ばし，P.P との交点より垂線を下ろし，E.L との交点 V.P₁ を求める。同様に β の角度で右上方に伸ばし，V.P₂ を求める。

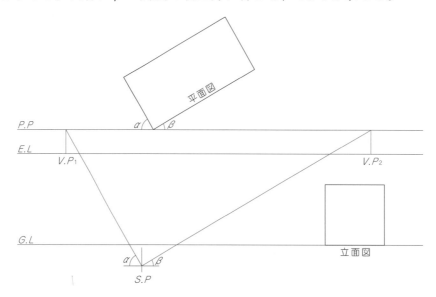

図5-6　視点，消点の描き方

プロセス2　パースラインを描く

① A より垂線を下ろし，E より高さを描き，交点 A₁ を求める。

② A₁ と V.P₁・V.P₂ を結び，A₂ と V.P₁・V.P₂ をそれぞれ結ぶ。

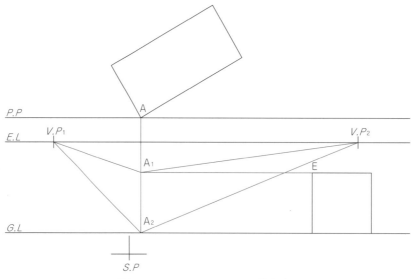

図5-7　パースラインの描き方

プロセス3　パースライン上の奥行きを求める

① BとS.Pを結び，P.Pとの交点より垂線を下ろし，B_1・B_2を求める。同様にしてC_1・C_2を求める。

② C_1とV.P$_1$とV.P$_2$を結び，交点D_1を求める。

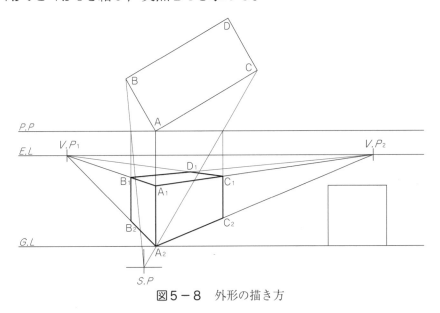

図5－8　外形の描き方

第3節　切妻屋根の描き方

プロセス1　作図準備

① P.Pを決め平面図を配置する。

② G.Lを決め立面図（又は断面図）を置く。

③ E.Lを決める。

④ P.Pに対して任意の距離でS.Pを決め，S.PよりV.P$_1$とV.P$_2$を求める。

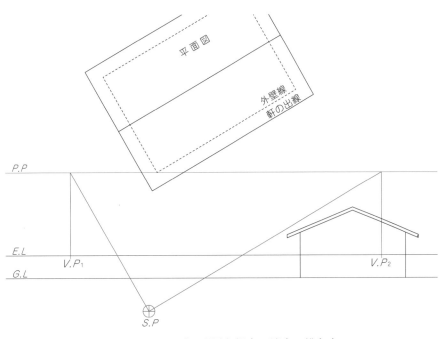

図5－9　図面の配置と視点，消点の描き方

プロセス2

① Dより垂線を下ろし，交点D_1・D_2を求める。$V.P_2$とD_1・D_2を結び延長する。

② S.PとA・Cの足線を描き，パースライン上の奥行きA_1A_2・C_1C_2を求める。

③ A_1A_2と$V.P_1$にパースラインを描き，S.PよりBに足線を描く。②と同様にして$B_1$$B_2$を求める。

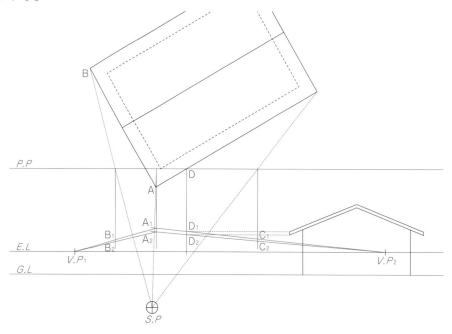

図5－10　軒のパースラインの描き方

プロセス3　屋根勾配の消点を求める

① Eを延長し，P.Pとの交点より垂直に下ろす。Kより棟の高さを描き，その交点より$V.P_2$に向かってパースラインを描く。Eから足線を描きE_1を求める。

② A_1とE_1を結んで延長し，$V.P_1$を通る垂線との交点が屋根勾配の消点となる。同様にE_1とB_1の延長が反対側の屋根勾配の消点となる。

③ A.V.PとC_1と結ぶ。

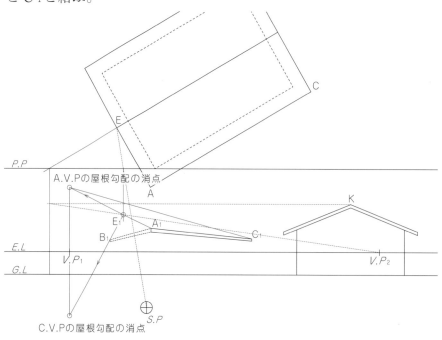

図5－11　屋根の描き方

プロセス4　破風板を描く

①　同様にして破風板を描く。
②　外壁を求めて完成させる。

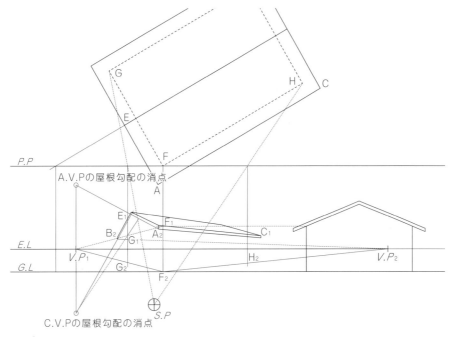

図5−12　完成図

第5章　学習のまとめ

　この章では，透視図法を用いたパースの描き方を学んだ。現実的な設計実務では，3DCAD を用いて CG パースを描くことが多い。しかし手描きのパースやスケッチには，「打ち合わせ中にその場でイメージを伝えられる」，「温かみを感じる」，「人の創造力を膨らませる」等の利点がある。CG パースと手描きを上手く使い分けることができると，技術者として大きな強みになる。

練習問題

次の　　　　　　に適切な語句を入れなさい。

（1）透視図法において E.L とは①　　　　　　を示す。

（2）透視図法において S.P とは②　　　　　　を示す。

（3）内法高さとは③　　　　　　の上端から④　　　　　　の下端までの距離である。

（4）パースの中に人物を描く場合は E.L に⑤　　　　　　を揃えて描く。

【第１章】

①手描き　②コンピュータ（CAD）　③トレーシングペーパー　④ケント紙
⑤芯ホルダー　⑥シャープペンシル　⑦円　⑧円弧　⑨寸法　⑩図形　⑪文字
⑫３　⑬６　⑭製図　⑮コンピュータ　⑯10　⑰20°　⑱平行　⑲太さ　⑳濃さ
㉑少し　㉒左　㉓右　㉔下　㉕上

【第２章】

①平面　②平行投影法　③透視投影法　④Ａ　⑤北　⑥左　⑦ミリメートル（mm）
⑧単位　⑨４　⑩２　⑪１　⑫補助線　⑬端末　⑭１　⑮10

【第３章】

①～③考えるため、見せるため、つくるため（順不同）
④～⑥平面図、立面図、断面図（順不同）
⑦～⑨意匠図、構造図、設備図（順不同）
⑩施工図

【第４章】

①1.5　②詳細　③下書き線　④断面図　⑤立面図　⑥寸法　⑦材料

【第５章】

①目の高さ　②人が立っている位置　③敷居　④鴨居　⑤人物の目の位置

索引

透視図（パース）用語

E.L（Eye Level）	目の高さ
E.P（Eye Point）	目の位置
F.L（Floor Level）	床高
G.L（Ground Line）	基線
G.P（Ground Plane）	立っている面
H.L（Horizontal Line）	水平線・地平線（E.Lと同じ高さ）
P.P（Picture Plane）	透視図が描かれる画面
S.P（Standing Point）	人が立っている位置
V.C（Visual Center）	視野の中心
V.P（Vanishing Point）	消点　二消点2つ，三消点3つ

図・表出典一覧

図2−1右上　JIS Z 8114：1999　製図−製図用語

図2−2(b)右上，(d)　JIS Z 8114：1999　製図−製図用語

図2−4　JIS Z 8317：1999　製図−寸法記入方法−一般原則，定義，記入方法及び特殊な指示方法　より一部改変

図2−5中，右　JIS Z 8317：1999　製図−寸法記入方法−一般原則，定義，記入方法及び特殊な指示方法

図2−6　JIS Z 8317：1999　製図−寸法記入方法−一般原則，定義，記入方法及び特殊な指示方法

図2−7　JIS A 0150：1999　建築製図通則　より一部改変

図2−8　JIS Z 8317：1999　製図−寸法記入方法−一般原則，定義，記入方法及び特殊な指示方法

図2−9　JIS Z 8317：1999　製図−寸法記入方法−一般原則，定義，記入方法及び特殊な指示方法

図2−10　JIS Z 8317：1999　製図−寸法記入方法−一般原則，定義，記入方法及び特殊な指示方法

図2−11(a)，(b)　JIS Z 8317：1999　製図−寸法記入方法−一般原則，定義，記入方法及び特殊な指示方法

表2−1　JIS Z 8311：1984　製図−製図用紙のサイズ及び図面の様式　より一部改変

表2−7　JIS A 0150：1999　建築製図通則　より一部抜粋

厚 生 労 働 省 認 定 教 材	
認 定 番 号	第58816号
改定承認年月日	令和6年1月10日
訓 練 の 種 類	普通職業訓練
訓 練 課 程 名	普通課程

建築製図　　　　　　　　　　　　　　　　　　　　　　　　ⓒ

昭和39年4月3日　初 版 発 行
平成9年2月28日　改訂版発行
平成13年4月5日　改補版発行
平成19年2月20日　三訂版発行
令和6年3月15日　四訂版発行

編集者　独立行政法人 高齢・障害・求職者雇用支援機構
　　　　職業能力開発総合大学校基盤整備センター

発行者　一般財団法人 職業訓練教材研究会

〒162-0052
東京都新宿区戸山1丁目15-10
電　話　03（3203）6235
FAX　03（3204）4724

ISBN978-4-7863-1171-0